백 번의 위로

사랑합니다

백 번 의 위 로

목회(기독교)상담학자가 들려주는 회복메시지

이상억 지음

사랑합니다

프롤로그

"글에는 사람이 있다." 제가 참 좋아하는 이철환 작가의 말입니다. 전문 학술서적에도 그 말을 적용하고 싶었습니다. 그래서 목회(기독교)상담 책이지만 저라는 사람의 색채를 담아 목회(기독교)상담의 핵심주제인 '사람'에 대한 글을 썼습니다. 그것이 수상집隨想集『꽃보다 아름다운 사람이야기』였습니다. 다행히 많은 분들이 제 마음을 읽어 주셨습니다.

이제 그 두 번째 시도를 합니다. 목회(기독교)상담의 또 다른 핵심주제인 '회복'을 전하고자 용기를 냈습니다. 회복에 대한 이론적 글쓰기를 지양하고, 회복을 바라는 목회(기독교)상담가의 마음을 다섯 묶음으로 모아 전체 백 번의 위로 이야기를 적었습니다. 그리고 수줍긴 하지만 『사랑합니다』란 제목으로 회복 묵상집回復 默想集을 묶어보았습니다.

"사랑합니다"는 하나님나라의 인사말입니다. 우리 하나님께서 사랑이시니, 그가 다스리시는 나라는 사랑이 가득한 세상입니다. 하나님께서 함께하시니 사랑이 충만한 곳이며, 하나님이 우리를 돌보시니 사랑이 우리를 돌보시는 곳입니다. 그 나라를 우리가 발 딛고 사는 이 땅에 세우고 싶은 마음으로 글을 썼습니다.

문제없는 인생은 산목숨이 아닐 겁니다. 그러니 목숨 붙이고 사는 우리에게 문제란 없을 순 없겠지요. 그것을 머리론 알지만 막상 문제를 만나게 되면 막다른 골목에 닿은 듯, 넘을 수 없는 벽을 만난 듯 절망하게 됩니다. "이젠 끝입니다.", "죽고 싶습니다.", "일어설 힘이 없어요." 어느 누구에게도 말하지 못했던 마음속의 비밀과 아픔을 고백하며, 깊은 한숨과 하염없는 눈물로 자신을 자책하는 많은 분들을 상담하며 만났습니다. 함께 울며 하나님께 기도할 때가 많았습니다. "하나님 함께해 주세요. 그러니 사랑이 함께해 주세요. 하나님께서 고쳐주세요. 그러니 사랑이 고쳐주세요. 하나님 살려주세요. 그러니 사랑이 살려주세요. 사랑합니다. 사랑합니다. 사랑합니다."

국어사전에서 말하는 회복은 "원래 상태로 되돌리거나 원래의 상태를 되찾음"입니다. 풀 수 없는 문제를 기적과 같이 풀 수만 있다면 국어사전적 회복이 가능하겠지요? 그렇기 때문에 상담하며 기적의 하나님께 문제 해결을 구할 때도 많았습니다. 마음이 너무너무 아팠기 때문입니다. 하지만 목회(기독교)상담이 말하는 회복은 사전적 정의와는 많이 다름을 잘 알고 있었기에, 단지 기적을 구하는 믿음보다, 기적이 이미 이르렀다며 기적을 살아내는 믿음을 하나님께 간구했습니다.

성경적 회복은 "하나님 계시니 그래도 한번 살아볼게요"라며 용기를 내는 것을 말합니다. 풀 수 없는 절망스런 현재이지만 하나님의 관점에서 재해석할 줄 압니다. 일이 일어나기 전, 과거의 그때로 돌아가는 기적을 바라기보다는, 절망의 토양에서 희망의 싹을 틔울 줄 아는 것입니다. 그래서 성경은 회복을 슈브ュゴ 라고 표기합니다. 단순한 치료를 넘어 하나님께로 돌이키고 회개할 줄 아는 치유를 지향하기 때문입니다.

시간 안에서 경험하는 존재인 사람은 시간을 거슬러 과거로 돌아갈 수 없고, 이미 경험한 경험을 지운 듯 살 수도 없습니다. 하지만 우리가 지내온 시간과 이미 경험한 경험에 대해 하나님의 관점에서 해석할 수 있지 않을까요? 그렇다면 회복은 저기에 있는 것이 아니라 이미 우리에게 찾아와 우리를 기다리고 있었다는 사실을 깨달을 수 있을 것입니다.

솔직히 수많은 상담회기와 다양한 프로그램, 지식에 지식을 더한 최선의 노력을 기울였지만, 모두가 바라는 그런 회복은 쉽지 않았습니다. 건강을 잃어 쓰러지기까지 성실을 다하면 내담자의 표면적 문제 봉합은 가능했지만 결국 깨닫게 되었습니다. 회복은 하나님의 영역이라는 사실을 말입니다.

목회(기독교)상담의 정체성, 즉 '하나님께서 이끄시는 상담'이라는 기본 중의 기본을 절실히 깨닫고는 성경적 회복을 위해 애를 썼습니다. 그 한 방법으로 만나는 이들에게 매주 월요일 성경 말씀과 그에 대한 소소한 묵상을 문자로 전달했습니다. 꽤 오랜 시간이 지났습니다. 나름의 임상 과정을 거친 것입니다. 그러면서 알게 되었습니다. 백 시간의 상담회기보다, 백 마디의 말보다, 하나님의 말씀에 담긴 회복의 능력이 크다는 사실을 말입니다. 그래서 지금까지 문자로 나눈 수백 개의 묵상 가운데 백 개를 골라 다섯 개의 위로 메시지로 묶어 회복이야기, 『사랑합니다』를 정성껏 다듬었습니다.

이 책을 읽게 되면 신비하게도 "일이 잘 해결되었어요.", "정말 좋아졌어요. 이제 살 수 있을 것 같아요." 그렇게 말할 수 있는 기적이 일어날 것이라고 말씀드릴 수는 없습니다. 어쩌면 어불성설語不成說이지요. 하지만 글을 읽으며 우리를 향한 하나님의 애틋한 사랑을, 말씀에 담긴 그 사랑을 읽으실 수 있으실 것이라 감히 생각해 봅니다. "사랑합니다."

크신 하나님의 참사랑을 전하기엔 턱없이 부족한 글이지만, 아주 조금이라도 하나님의 마음이 전해진다면 참 좋겠습니다. 그리고 바라기는 "오늘 하루만 더 살아내 보지 뭐!" 하며 하루 또 하루를 살아낼 수 있는 용기를 가지실 수 있으면 참 좋겠습니다. "하나님이 잘해 주셨어요"라고 말할 수 있는 날은 반드시 올 겁니다. 우리 하나님은 살아계신 하나님이시니까요.

게리 토마스Gary Thomas는 자신의 책, 『영성에도 색깔이 있다』에서 아홉 가지 영성의 색채에 대해 구분하며 설명합니다. 그런 색채에 들어갈 만한 거창한 영성은 아니지만, 제가 전해 드리는 36.5도 말 속의 사람냄새 나는 영성을 느껴보시면 좋겠습니다. 냉기 가득한 우리네 마음, 온기 가득 따뜻하게 데워지는 그런 영성을 느끼실 수만 있다면 참 좋겠습니다. 그리고 그런 영성으로 살아내실 수만 있다면 저는 그것으로 대만족입니다.

하나님이 사랑하는 당신을 잘해주실 겁니다. **사랑합니다. 사랑합니다. 사랑합니다. 우와! 이야~**

2021년 가을
아차산 기슭에서
이상억 두 손 모아 드립니다.

백 번의 위로 사랑합니다

목차

제1부

◆

오늘을

부정하고 싶은

당신을 위한 위로

첫 번째
위로

성경 말씀 민수기 6장 24-26절은 이렇게 축복합니다.

여호와는 네게 복을 주시고, 너를 지키시기를 원하며, 여호와는 그의 얼굴을 네게 비추사 은혜 베푸시기를 원하며, 여호와는 그 얼굴을 네게로 향하여 드사 평강 주시기를 원하노라.

말씀이 참 좋지요? 그런데 좋은 만큼 배신감도 큽니다. '복을 주시고 지키신 결과가 이겁니까?', '얼굴을 내게 비추시고 은혜 베푸신다면서요?', '평강 주신다면서요…'

부정하고 싶은 오늘을 살다 보면 그야말로 다 부정하고 싶습니다. 세상도, 학교도, 교회도, 친구도, 심지어 나 자신도… 그냥 세상에 버려진 듯 혼자라는 생각에 깊은 우울과 절망을 경험합니다. 눈에 보이는 것이 있다면 사정없이 발길질이라도 하고 싶은 마음이 듭니다.

'장미 가시에 찔려 죽은 시인'이라는 별칭의 시인 라이너 마리아

백 번의 위로 사랑합니다

릴케Rainer Maria Rilke. 그도 그럴 수밖에 없었던 것이 그에게 있었던 백혈병은 그가 장미 가시에 찔려 얻은 파상풍균을 견딜 수 없게 했습니다. 안타깝게도 그는 50대 초반의 이른 나이에 세상을 떠났습니다. 세상을 떠나기 전 릴케는 프란츠 크사버 카푸스Franz Xaver Kappus란 젊은 시인 지망생에게 여러 통의 편지를 받습니다. 그에 대한 답장을 묶어 후대에 책으로 편집되어 나오기까지 했는데요, 인생살이가 어렵고 힘들다는 카푸스의 편지에 릴케는 이렇게 답장합니다. "지금 당장 해답을 찾으려 하지 마세요. 그냥 하루하루 살아보는 겁니다. 그러다 보면 알아지는 날이 올 겁니다."

연세 지긋한 어른들이 늘 하는 말이지요? "세월이 약이야.", "너도 살아보면 알아." 경험이 주는 혼란함은 어쩌면 경험으로 풀어야 하는 것은 아닐까 생각이 듭니다. 그러니 경험은 정말 신비한 것 같습니다. 때로 혼란과 혼돈을, 그리고 때로는 명쾌한 답변과 깨달음을 가져다 주니 말입니다.

사랑하는 당신께 외람된 마음 한가득이지만 이렇게 말씀드리고 싶습니다. "우리 살아요. 쉽게 살아지지 않는 인생이지만 우리 이를 악물고라도 살아내면 좋겠습니다. 하나님이 세상을 부정하고 싶은 우리를 그래도 잘해주실 테니 말입니다."

어쩌면 희망고문 하지 말라고 소리치고 싶으실 겁니다. 그래서 송구한 마음 한 바가지입니다. 그러니 당당하시라, 씩씩하시라, 말씀드리지는 않겠습니다. 그저 조금만 더 견뎌주시기를, 오늘을 살아내 주시기를 부탁드립니다. 하나님의 평강이 사랑하는 당신께 가득하기를 기도합니다. 그렇게 하루하루 살아내며 몸과 마음이 좀 더 평안을 누리기를 기도합니다.

독일 찬송가 속지에 수록된 '길 떠나는 이를 위한 축복기도Reisesegen: Travel Blessing'를 들려 드릴게요. 어쩌면 날마다 험한 길을 떠나는 우리 모두에게 꼭 필요한 기도문이란 생각을 합니다.

주님이 그대 앞에 계셔서 그대에게 바른길 보이시기 바랍니다.
주님이 그대 곁에 계셔서 그대를 팔로 껴안아 지키시기 바랍니다.
주님이 그대 뒤에 계셔서 못된 사람들의 나쁜 계획에서
그대를 보호하시기를 바랍니다.
주님이 그대 아래에 계셔서 그대가 넘어지면 받아주시고,
그대를 모든 함정에서 꺼내 주시기를 바랍니다.

주님이 그대 안에 계셔서 그대가 슬퍼할 때에
그대를 위로하시기 바랍니다.
주님이 그대 둘레에 계셔서 남들이 그대를 해하려 할 때
막아주시기 바랍니다.
주님이 그대 위에 계셔서 그대에게 복 주시기 바랍니다.

이처럼 그대에게 은혜로우신 하나님이

그대에게 복 주시기를 바랍니다.

두 번째
위로

정채봉 시인의 시, 「엄마가 휴가를 나온다면」 가운데 가슴 먹먹한 일부를 들려 드릴게요. 한번 들어 보세요. 살아생전 속 끓는 일이 많았던 선생님, 이젠 하늘나라에서 그토록 보고 싶어 하셨던 어머니와 함께 가슴속 응어리를 다 풀지 않으셨을까 생각해 봅니다.

하늘나라에 가 계시는
엄마가
하루 휴가를 얻어 오신다면
…

얼른 엄마 품속에 들어가
엄마와 눈 맞춤을 하고
젖가슴을 만지고
그리고 한 번만이라도
엄마!

백 번의 위로 사랑합니다

하고 소리 내어 불러보고

숨겨놓은 세상사 중

딱 한 가지 억울했던 그 일을 일러바치고

엉엉 울겠다.♦

내 마음대로 살아지는 인생이라면 오늘을 부정할 이유가 없을 겁니다. 자신감과 자존감이 한껏 높아져 때로 전지전능함마저 느낄 테니까요. 하지만 그런 사람이 세상에 몇이나 될까요? 우리 대부분은 한껏 소리치고 싶은 인생을 살아갑니다. '이 마음 누가 알아줄까?' 싶어 아무도 없는 공터에서 하소연하듯 중얼거립니다. 그냥 냅다 욕이라도 한바탕 하고 싶어 산에 오르지만 행여 누가 들을세라 눈치만 보다 내려옵니다. 하고 싶은 말을 삼키며 사는 반벙어리 인생이란 생각을 합니다.

이런 우리에게 성경은 하나님을 소개합니다.

여호와께서는 자기에게 간구하는 모든 자, 곧 진실하게 간구하는 모든 자에게 가까이 하시는도다. 그는 자기를 경외하는 자들의 소원을 이루시며, 또 그들의 부르짖음을 들으사 구원하시리로다(시 145:18-19).

♦ 정채봉, 「엄마가 휴가를 나온다면」, 『너를 생각하는 것이 나의 일생이었지』 (샘터, 2006) 중에서

성경은 마음껏 소리쳐도 괜찮은, 모든 것을 토해내듯 솔직하게 말해도 되는 하나님을 소개합니다. 하나님이라는 안전한 공간에서 속 시원히 소리도 지르고 가슴 속 깊은 곳에 묻어두었던 속상함도 토해내듯 말하라고 합니다. 그러면 하나님이 들으시고 구해주실 것이라고 말합니다.

하나님 앞에 까맣게 탄 우리 마음을 꺼내놔야겠습니다. 일러바칠 것 한둘이 아니어도 잠잠히 들어주실 하나님이시라니, 게다가 소원도 이루어 주신다니 '밑져야 본전'이란 마음으로 한번 기도해 보면 어떨까요?

그거 아세요? 찬송가 365장 찬송이 '마음속에 근심 있는 사람 주 예수 앞에 다 아뢰어라'잖아요. 소위 '아재 해석'일 수 있지만, 일 년 열두 달, 365일 주님께 아뢰고 또 아뢰라는 의미는 아닐까요? 하하... 뭐... 갑작스런 개그에 미안합니다.

엄마 같은 하나님, 때로 생각만 해도 눈시울 붉어지는 울 엄마 같은 하나님께 속 시원하게 마음을 쏟아내며, 부정하고 싶은 오늘을 당신이 그래도 살아낼 수 있기를... 사랑합니다. 그저 하나님께서 당신을 잘해주시길 소망합니다.

백 번의 위로 사랑합니다

세 번째
위로

　오늘을 부정할 수밖에 없는 삶의 위치에서 기쁨을 말한다는 것은 현실과 너무나 동떨어진 것처럼 여겨집니다. 삶이 괴롭고 힘든데 기쁨이라니요. 하지만 기쁨을 단지 어떤 상황에 대한 반응으로 느끼게 되는 정서 정도로만 생각해서는 안 됩니다.

　복음과 신앙 때문에 여러 가지 어려움을 겪고 있었던 빌립보교회 공동체에게(빌1:5, 2:19, 3:18) 바울은 주 안에서 기뻐하라고 권면했습니다(빌4:4). 기쁨이라는 감정을 하나님의 마음에 참여하는 믿음의 표현이라고 새롭게 해석했던 것입니다.

　그러니 기쁨은 단지 느낌이나 감정 이상의 의미가 있습니다. 어떤 의지나 신념, 혹은 믿음을 드러내는 표현일 수 있으니 말입니다. 사실 성경을 읽노라면 하나님의 의지 하나를 엿볼 수 있는데 그것은 사람에 대한 하나님의 기뻐하심입니다.

　예를 들어, 성경은 창세기 1장에서 하나님께서 좋아하셨다는 말을 반복합니다. 특히 31절에서는 지으신 세상을 보시고 심하게 좋아하셨다고 말합니다. 좋아한다는 히브리말은 '토브ᴝᴼᴮ'입니다. '토브'의 사전적 의미는 첫째, 행복하고 만족한 모습을, 둘째, 기쁘고 즐거워하는 표정을, 셋째, 반가운 마음을, 넷째, 친근하게 선대하는 태도를, 다섯째, 감탄하는 상태를 나타냅니다. 활짝 웃으며 반색하는 모습입니다. 세상과 사람에 대해 하나님께서 "우와!", "이야!" 하고 감탄하며 기뻐하셨던 것입니다. 어쩌면 '인간의 범죄 전이니 천지를 창조하신 하나님의 눈에 모든 것이 감동이었을 것'이라고 생각할 수 있지만, 실상 성경 곳곳에 '토브'라는 단어는 자주 등장합니다. 하나님은 끊임없이 우리의 돌이킴을 기다리시며(벧후3:8-9) 토브의 마음을 표현하셨던 것입니다(민10:29; 시145:9; 사51:3, 64:5; 렘30:19).

아무리 감동적인 것도 시간이 지나면 평범해지고, 평범한 것에 또 시간이 켜켜이 쌓이면 지겨워지는 것, 그것이 세상 이치이지요. 하지만 하나님은 사람에 대해 끊임없이 기뻐하셨습니다(히13:8). 세상의 타락과 절망스러운 현실을 바라보면서도 예수님의 두 눈에 하나님의 나라가 가득했던 이유가 바로 거기에 있는 것입니다.

흐르는 눈물을 주체할 수 없어 오늘을 부정하는 우리입니다. 하지만 우리가 믿는 하나님의 모습을 생각하면 좋겠습니다. 창조한 세상과 사람들의 배신에도, 십자가를 지면서도, 우리를 향한 사랑을 잃지 않으셨던 우리 주님처럼, 우리도 자기 자신과 세상을 "우와!" 하고 기

백 번의 위로 사랑합니다

뻐할 수 있기를 바랍니다. "하나님이 살아 계시니 하나님이 반드시 잘 해주실 거야"라며 희망을 노래하는 오늘이 되기를 기도합니다. 부정하고 싶은 오늘을 부정하는 이중부정의 믿음이 우리를 이끌어 갈 수 있기를 소망합니다.

그렇게 살면 당연히 "너, 바보니?", "너는 지금 울 때야. 절망할 때 라고.", "뭐가 그리 신나는데? 생각은 있니?" 속도 없는 사람이라 비아냥거림을 받을 테지요. 하지만 속이 비면 빌수록 울림은 깊어지는 법이니, 깊은 울림으로 누군가에게 다가설 수 있다면 그거 괜찮은 인생은 아닐는지요? 울림 깊은 사람으로 누군가에게 공명할 수 있다면 그것만으로도 값진 인생이라는 생각이 듭니다.

평강의 하나님께서 우리를 잘해주실 겁니다(요14:27; 롬15:33; 고후 13:11; 빌4:9). 그러니 우리 오늘을 기뻐하면 좋겠습니다. 우와~ 사랑 합니다.

네 번째
위로

성경의 순서 가운데 참 특이하고 재미있다 여길 수 있는 성경은 룻기가 아닐까 싶습니다. 사사시대(사사기)에서 왕정시대(사무엘서와 열왕기서)로 넘어가는 역사적 전환의 틈바구니에서 재앙과 같은 삶의 굴곡을 경험한 모압 사람 룻을 조명하고 있기 때문입니다. 거대한 이스라엘 역사의 흐름 속에서 없었던 사람처럼 잊혀도 전혀 이상하지 않을 이방인 룻을 통해 어쩌면 하나님께서는 오늘을 사는 우리에게 말씀하시고 싶은 것이 있으셨던 것 같다는 생각을 합니다.

고난의 긴 여정이 지나간 후, 시어머니 나오미에게 주변 사람들이 말했습니다.

찬송할지로다. 여호와께서 오늘 네게 기업 무를 자가 없게 하지 아니하셨도다. 이 아이의 이름이 이스라엘 중에 유명하게 되기를 원하노라. 이는 네 생명의 회복자이며, 네 노년의 봉양자라. 곧 너를 사랑하며 일곱 아들보다 귀한 네 며느리가 낳은 자로다(룻4:14-15).

딸과 같은 며느리 룻을 통해 이스라엘과 온 세상의 구원의 역사가 이루어질 것을 예언하는 말을 들은 나오미는 만감이 교차했을 겁니다. 룻 자신은 또 어떠했을까요. 현대적 의미에서야 자식을 통한 자아실현쯤으로 비판받을 수도 있겠지만, 그 옛날 시대사회적 상황에서 받을 수밖에 없었던 차별과 모욕에도 꿋꿋한 감사를 하나님께 돌릴 수 있었을 겁니다. 물론 아들 둘을 잃은 나오미의 슬픔, 남편을 잃은 룻의 아픔이야 사라지지 않을 테지요. 그러나 슬픔과 아픔을 달고서도 '그래도 살아야지' 하는 용기와 기쁨을 하나님께서 이들에게 허락하셨다는 생각을 합니다.

말씀을 묵상하며 복 주고 복 주실 하나님이심을 고백해 봅니다. 지금 당장에는 화禍라고 여길 수밖에 없는 것들을 복福이라 복권시키실 하나님을 믿습니다. 버려진 이방인이며 환란을 당한 룻과 같은 우리이지만, 그래서 오늘을 부정하고 싶은 마음 굴뚝이지만, 하나님께서 우리를 귀한 자녀라며 소중히 안아주시고 품어주실 것입니다. 이 믿음으로 가볍지 않은 인생, 그럼에도 살아내는 우리가 되면 좋겠습니다.

환경에 따라 요동치거나 비굴해지는 인생이 아니라, 눈이 오면 눈이 오는 대로, 바람이 불면 바람이 부는 대로, 비가 오면 비가 내리는 대로, 우리에게 주어진 삶을 묵묵히 살 줄 아는 우리가 되면 좋겠습니다. 그러면 언젠가 하나님의 때가 이르지 않을까요.

그저 바라기는 은혜의 단비가 우리의 삶에 풍성히 임하기를, 그래서 억지로 이를 악물고 "고맙습니다!"를 말하는 것이 아니라, 저절로 "고맙습니다!" 할 수 있는 우리이기를 바랍니다. 그리 아니하실지라도, 여전히 모든 순간을 살아내는 우리이기를 소망해 봅니다. 정현종 시인이 자신의 시, 「모든 순간이 꽃봉오리인 것을」에서 말했던 것처럼, "더 열심히 말을 걸고, 더 열심히 귀 기울이고, 더 열심히 사랑"하며 살아내는 우리가 되길 소망합니다. 모든 순간이 다 꽃봉오리니까요. 하나님이 그렇게 우리를 꽃봉오리처럼 귀히 여기시며 잘해주실 겁니다. 사랑합니다.

다섯 번째
위로

마태복음 7장 7-11절에서 예수님은 이렇게 강조했습니다.

구하라. 그리하면 너희에게 주실 것이요. 찾으라. 그리하면 찾아낼 것이요. 문을 두드리라. 그리하면 너희에게 열릴 것이니 구하는 이마다 받을 것이요. 찾는 이는 찾아낼 것이요. 두드리는 이에게는 열릴 것이니라. 너희 중에 누가 아들이 떡을 달라 하는데 돌을 주며 생선을 달라 하는데 뱀을 줄 사람이 있겠느냐. 너희가 악한 자라도 좋은 것으로 자식에게 줄 줄 알거든 하물며 하늘에 계신 너희 아버지께서 구하는 자에게 좋은 것으로 주시지 않겠느냐.

힘주어 우리에게 전해주시는 예수님의 말씀이 참 좋지 않으세요? 특히 "하물며"라는 단어가 마음을 사로잡습니다. 하나님께선 인생의 필요와 아픔을 모두 다 알고 계십니다. 두려워 떠는 우리의 손을 잡아 주시고 우리의 연약한 무릎을 일으켜 세워 주십니다. 그러니 기쁘지 않을 수 없지요. 하나님께서 가장 알맞게 가장 좋은 것으로 풍성하게 하실 것이기 때문입니다.

그러니 비천하고 못난 삶이라도 살고 또 살아야겠습니다. 실소와 비아냥거림에도 아랑곳하지 않고 구하고 찾고 문을 두드리는 삶을 살아야겠습니다. 우리가 가진 간절한 기도를 멈출 수 없다는 생각을 합니다.

배가 고파 잠시 들른 신촌 어느 국밥집, 허기를 달래며 시원하게 사발 째 국물을 들이켜다 우연히 쳐다본 벽에 걸린 시화 한 점, '그렇지!'라며 탄복하며 읽은 김기준 님의 「곰국」 가운데 일부를 소개해 드릴게요. 오늘 하루도 우리가 가진 간절함을 곰국처럼 곱게 우리고 또 우려야겠습니다. 십자가에 이르기까지 우리에 대한 사랑을 진하게 우려내신 주님처럼 말입니다. 우와~ 사랑합니다.

고우고 삶고
고우고 삶고
그렇게 삶도 고우고 고우면
언젠가는 진한 국물이
우러나오겠지요
그러고 보니
살아내야 하는 삶도
고운다는 삶도 같은 글자네요♦

♦ 김기준, 「곰국」, 『착하고 아름다운』 (문화발전소, 2017) 중에서

백 번의 위로 사랑합니다

여섯 번째
위로

조선대에서 국문학을 가르치셨던 저항시인 문병란 선생의 「희망가」 가운데 일부를 들려 드릴게요.

얼음장 밑에서도
고기는 헤엄을 치고
눈보라 속에서도
매화는 꽃망울을 튼다

절망 속에서도
삶의 끈기는 희망을 찾고
사막의 고통 속에서도
인간은 오아시스의 그늘을 찾는다
…
절망은 희망의 어머니
고통은 행복의 스승

시련 없이 성취는 오지 않고
단련 없이 명검은 날이 서지 않는다

꿈꾸는 자여, 어둠 속에서
멀리 반짝이는 별빛을 따라
긴 고행 길 멈추지 말라*

　문병란 시인의 시는 하박국 선지자를 떠올리게 합니다. 이것도 없고 저것도 부족했던 선지자. 마음에 울분이 가득해, '대체 하나님은 어디 계시느냐'며 깊은 분노와 절망으로 괴로워했던 하박국에게 이르렀던 기쁨, 그 깨달음이 오늘 우리를 감싸기를 기도합니다.

　비록 무화과나무가 무성하지 못하며, 포도나무에 열매가 없으며, 감람나무에 소출이 없으며, 밭에 먹을 것이 없으며, 우리에 양이 없으며, 외양간에 소가 없을지라도, 나는 여호와로 말미암아 즐거워하며, 나의 구원의 하나님으로 말미암아 기뻐하리로다. 주 여호와는 나의 힘이시라. 나의 발을 사슴과 같게 하사 나를 나의 높은 곳으로 다니게 하시리로다(합3:17-19a).

　희망은 낙관이 아닙니다. 예상할 수 있을 때 갖는 낙관이 아니라

　✦　문병란, 「희망가」, 『법성포 여자』 (지식을 만드는 지식, 2012) 중에서

백 번의 위로 사랑합니다

예상할 수 없을 때 갖는 희망, 그래서 희망을 용기라고 부릅니다. 오늘을 살아내는 힘 말입니다. 평범할 때야 산다는 것이 대수겠습니까. 하지만 힘들 때 산다는 것은 기적입니다. 그래서 살아있는 우리 모두는 기적을 만드는 사람들이며 용기 있게 희망을 사는 사람들입니다.

그런데 희망을 넘어 하나님으로 말미암은 기쁨을 누릴 수 있다는 것은 꽤나 수준 높은 모습인데요, 가끔 높은 수준의 신앙인들을 만날 때가 있습니다.

"하하하... 목사님, 힘들어서 살아요."
"고통 중에도 예배할 수 있어 좋아요."
"어려움이 많지만 믿음 덕에 기뻐합니다."
"이런 일을 경험하며 주님 마음 알 것 같아 그래도 감사해요."

수준 있는 신앙들 앞에서 한없는 부끄러움을 느낍니다. 그리고 저도 예전 가졌던, 지금은 빛이 바랜 하나님에 대한 첫사랑을 다시 한 번 꺼내보며 다짐해 봅니다.

주의 궁정에서의 한 날이 다른 곳에서의 천 날보다 나은즉, 악인의 장막에 사는 것보다 내 하나님의 성전 문지기로 있는 것이 좋사오니, 여호와 하나님은 해요, 방패이시라. 여호와께서 은혜와 영화를 주시며 정직하게 행하는 자에게 좋은 것을 아끼지 아니하실 것임이니이다. 만군의 여호와여, 주께 의지하는 자는 복이 있나이다(시

84:10-12).

　욕망과 세상의 가치에 휘둘리면서도 이를 가슴 두근거리는 열정이라 스스로를 속였던 지난날을 반성합니다. 무엇을 희망하고 무엇을 바라야 하는지, 말씀이 전해주는 깨달음으로 겸허히 오늘을 살 수 있기를 기도합니다. 조금 손해 보고 조금 더딜지라도, 무엇을 간직하고 무엇을 바라보아야 하는지 그 분명한 방향을 잃지도 잊지도 않는 오늘이기를 소망합니다. 우리 그렇게 살아요. 축복합니다. 그리고 사랑합니다. 우와~

일곱 번째
위로

성경 로마서 12장 18-21절의 말씀은 우리에게 이렇게 권면합니다.

할 수 있거든 너희로서는 모든 사람과 더불어 화목하라. 내 사랑하는 자들아, 너희가 친히 원수를 갚지 말고 하나님의 진노하심에 맡기라. 기록되었으되 원수 갚는 것이 내게 있으니 내가 갚으리라고 주께서 말씀하시니라. 네 원수가 주리거든 먹이고 목마르거든 마시게 하라. 그리함으로 네가 숯불을 그 머리에 쌓아 놓으리라. 악에게 지지 말고 선으로 악을 이기라.

"길고 짧은 것은 대봐야 안다." 살며 깨닫게 된 격언인데요, 여전히 부족한 인생이지만 어린 시절부터 지금까지 삶을 반추해 보면, 하나님을 믿는다는 이유만으로도 꽤 괜찮은 사람으로 살게 된 것 같습니다. 물론 이런 말에 피식하며 웃는 사람도 있을 테지만, 그래도 제 딴에는 욕심에 도취되어 아등바등 살지 않으니, 또 자족과 여유, 그리고 산책하듯 자신과 타인을 바라보며 살고자 노력하니, 이쯤이면 정말 괜찮은 인생은 아닐까 생각해 봅니다.

 말씀대로 산다는 것은 지금 당장에는 억울하고 원통한 느낌입니다. "모든 사람과 화목하라고요? 무슨 가당치도 않은 말을 하세요?", "원수를 만나면 내가 직접 복수하고 싶은걸요.", "원수가 주린다면 그거 쌤통 아닌가요?" 나를 힘들게 한 사람과 세상에 대해 속 시원하게 욕이라도 쏟아내고 싶을 때가 많습니다. 악을 악으로 갚고 싶습니다.

 그러나 지금 당장에는 이해할 수도 없고 알 수도 없지만. 말씀대로 일 년, 이 년... 세월을 살아가다 보면 나도 남도 생명과 평안으로 이끈 지혜로운 선택이었다는 것을 깨닫는 것 같습니다. 길고 짧은 것은 대봐야 안다는 것을 진짜로 경험하게 됩니다. 그러니 지금 당장 확신이 서지 않아도 오늘 말씀이 가르쳐 주는 대로 살아보면 참 좋겠습니다. 하나님이 잘해주실 테니 말입니다.

 그리고 오늘, 좀 더 용기 내어 미소 지으며 살면 좋겠습니다. 부정하고 싶은 현재와 외면하고 싶은 상황에 대해 "우와~"하고 두 팔 벌려 환대하면 좋겠습니다. 그렇게 살아내면 언젠가 하나님께서 "착하고 충성되다!" 말씀해 주실 겁니다. 참! 굳이 하나님께서 그리 말씀 안 해주시더라도 좋은 날은 보게 될 겁니다. 세상에... 학자들이 이걸 연구를 했더라고요. 들어 보세요.

 심리학자 폴 에크만Paul Ekman은 1978년에 사람 얼굴의 움직임을

백 번의 위로 사랑합니다

체계적으로 설명한 '얼굴 움직임 부호화 시스템Facial Action Coding System' 을 만들었습니다. 이때 42개의 얼굴 근육으로 19가지나 다양한 미소를 만들 수 있지만 그 중 진짜 웃음을 만드는 데는 '안륜근Orbicularis oculi muscle'이 사용된다는 것을 알게 되었습니다.

안륜근은 기욤 뒤셴Guillaume Duchenne이 처음 발견했습니다. 인위적인 웃음이 아닌 파안대소하며 만들어지는 미소는, 눈꺼풀을 닫으며 광대가 올라가고 입이 크게 벌어지는 미소입니다. 이를 폴 에크만은 '뒤셴 미소Duchenne smile'라고 명명하였습니다.

그리고 이 뒤셴 미소와 비교하는 인위적인 미소를 '팬 아메리칸 스마일Pan American smile'이라고 불렀는데요, 이 미소는 TV 광고에 출연했던 비행기 승무원들의 웃음을 빗대 붙인 말입니다. 1959년에 팬 아메리칸 항공사는 보잉 707 비행기의 뛰어난 서비스를 보여주기 위해서 광고 하나를 내보냈는데, 이때 승무원들이 마음에서 우러나오는 진짜 웃음이 아닌 한껏 격식에 차려진 가식적인 미소를 보여 주었습니다. 이를 빗대 팬 아메리칸 스마일이라고 불렀던 것입니다.

폴 에크만은 뒤셴 스마일과 팬 아메리칸 스마일의 차이를 캘리포니아 버클리대학교 대처 켈트너Dacher Keltner 교수와 리앤 하커LeeAnne Harker 교수와 공동 연구에서 증명했습니다. 캘트너와 하커는 "여대 졸업사진에 나타난 긍정적 감정의 표현과 졸업생들의 성격과 성인시기를 거친 삶의 인과관계Expressions of Positive Emotion in Women's College Yearbook Pictures and Their Relationship to Personality and Life Outcomes Across Adulthood"라는 논문에서 캘리포니아 밀스 여대Mills College 졸업생의 졸업사진에 등장한 141명을 연구 대상으로 삼고, '안륜근'을 사용한 '뒤센 미소'를 지은 69명과 그렇지 않은 여대생들 72명의 삶을 30년간 종단 연구했습니다. 그리고 뒤센 미소의 여대 졸업생들이 더 건강하고, 더 부유하고, 더 행복한 삶을 살게 되었다는 것을 증명했습니다.

무슨 삼박자 축복 같지만, 더 건강하고 더 잘살고 더 행복해지고 싶으세요? 그러면 오늘 그리고 지금 당장 미소 지어 보세요. 그것도 활짝 미소 지어 보세요. 선으로 악을 이기라는 성경 말씀에 담긴 하나님의 복이 우리를 뒤쫓을 겁니다. 우와~ 사랑합니다.

여덟 번째
위로

    섣불리 행동하며 무책임하게 살아가는 사람들에게 "나무처럼 사세요." 권면했던 시인 정호승의 시, 「나무와 사람」이 생각납니다. "나무들은 개들이 와서 똥을 누어도 빙그레 말없이 웃는데, 사람들은 개들이 와서 똥을 누면 냅다 발길질을 해 댄다"며 일갈했던 시인의 말처럼, 우리는 너무 쉽게 판단하고 너무 쉽게 흥분하는 것 같습니다.

    '나무처럼 이것도 견디고 저것도 품을 수는 없을까?' 때로 삶이 우리를 힘들게 하고 심지어 기만하고 속일지라도, 그럼에도 꿋꿋이 하루를 살아낼 수 있기를 소망합니다.

> 물에는 뼈가 없습니다
> 굵은 뼈, 잔 뼈, 가시도 없으며,
> 척추도 관절도 없습니다
> 심장을 보호할 갈비뼈도 없어서
> 맑은 마음이 다 드러나 보입니다

뼈가 없어서 누구하고도
버티어 맞서지 않습니다
뼈대를 세우며
힘자랑을 하지 않습니다
…

높은 곳 출신일수록 맑고,
더욱 빨리 몸을 낮춥니다
뼈도 없는 것이
마침내
온 땅을 차지하고 푸르게 출렁입니다

그렇게 살고 싶습니다♦

6·25전쟁 중 1·4후퇴 때 폭격으로 한쪽 팔을 잃고 정말 많은 고생을 했던 시인 유승우 장로님. 사람이 그만한 상처가 있으면 물처럼 살기 어렵습니다. 누구에게나 들어가 푸르게 출렁이고 싶다는 마음만으로도 대단하다 여겨집니다. 실상 그렇게 살기 힘들기 때문입니다. 그런데 시처럼 살아내려 애쓴 장로님이 대단하다는 생각을 합니다.

♦ 유승우, 「물에는 뼈가 없습니다」, 『물에는 뼈가 없습니다』 (창조문예사, 2010) 중에서

백 번의 위로 사랑합니다

너희 성도들아, 여호와를 경외하라. 그를 경외하는 자에게는 부족함이 없도다. 젊은 사자는 궁핍하여 주릴지라도 여호와를 찾는 자는 모든 좋은 것에 부족함이 없으리로다. 너희 자녀들아, 와서 내 말을 들으라. 내가 여호와를 경외하는 법을 너희에게 가르치리로다. 생명을 사모하고 연수를 사랑하여 복 받기를 원하는 사람이 누구뇨. 네 혀를 악에서 금하며 네 입술을 거짓말에서 금할지어다. 악을 버리고 선을 행하며 화평을 찾아 따를지어다(시34:9-14).

여경지근! 처음 듣는 사자성어이지요? 제가 몸담은 장신대 기독교교육학 박상진 교수님이 제안한 두문자Acronym입니다. "여호와를 경외하는 것이 지식의 근본입니다(잠1:7)."를 줄인 말입니다. 그저 바라기는 우리 모두에게 여호와를 경외하는 지식이 가득하기를 빕니다.

여호와를 경외하는 것은 여호와를 찾는 것입니다. 어떤 상황에서도 하나님을 찾는 사람은 악과 거짓을 떠나 선과 화평을 따르는 사람입니다. 이렇게 살아가기로 작정한 사람에게 하나님께서는 그 생명을 보전하시고 복 주시기를 기뻐하신다고 말씀은 가르쳐 줍니다.

이왕 하나님을 따르기로 했다면, 나무처럼, 물처럼 살아야겠습니다. 부정하고 부인하며 도망가고 회피하고 싶은 우리네 인생일지라도 여호와를 경외하며 선과 화평을 찾아 따르는 우리가 되기를 기도합니다. 나무처럼, 물처럼... 그렇게 살아내는 우리가 되기를... 주님, 도와주세요. 우리를 지켜주세요.

아홉 번째
위로

성경 출애굽기 13장 21-22절에는 기적과 같은 하나님의 사랑이 표현되어 있습니다.

여호와께서 그들 앞에서 가시며 낮에는 구름 기둥으로 그들의 길을 인도하시고 밤에는 불기둥을 그들에게 비추사, 낮이나 밤이나 진행하게 하시니 낮에는 구름 기둥, 밤에는 불기둥이 백성 앞에서 떠나지 아니하니라.

비교 불가, 언터처블Untouchable… 정말 별 볼 일 없었던 히브리민족을 하나님께서는 고대 이집트의 최고 권력자로부터 구원하셨습니다. 그리고 주변 여러 나라가 오히려 두려워하는 민족으로 만들어 주셨습니다(출15:15-16).

곰곰이 생각해 보면, 부스러기 같은 우리를 하나님께서 참 많이 사랑하고 계신다는 생각을 합니다. 비록 오늘은 힘이 들지만, 그래도

백 번의 위로 사랑합니다

지난날들을 돌아보면 참 감사합니다. 이만큼이라도 사는 것이 하나님의 은혜이기 때문입니다. 물론 모자라고 연약한 인생이지만, 누군가 꼭 살고 싶었던 오늘도 살고, 소박한 밥상이지만 끼니도 때우고, 그저 피곤한 몸 누이며 지낼 수 있는 공간이 있음이 얼마나 감사한지요. 심지어 하나님이란 든든한 빽을 믿고 비굴하게 꿇리지 않는 마음을 갖고 있으니 그저 우리 주님의 은혜입니다.

동대문 은석초등학교에서 아이들을 가르치셨던 한인현 선생이 1950년 잡지 『소학생』에 실으셔서 널리 알려진 시, 「섬 집 아기」는 지난 긴 세월 수많은 아기들을 잠재운 자장가가 되었습니다.

엄마가 섬 그늘에 굴 따러 가면
아기는 혼자 남아 집을 보다가
바다가 불러주는 자장노래에
팔 베고 스스로 잠이 듭니다.

동요를 불러보면 서글픔을 느낍니다. 삶의 무게를 모르는 바 아니지만, 억척스런 엄마가 야속하게 느껴지기도 하고, 그런 상황에서 잠을 자는 아기가 대견하기도 합니다. 그런데 그거 아세요? 이 자장가는 이대로 끝나는 것이 아니라 2절이 있다는 사실을 말입니다.

2절을 유심히 들여다보면 엄마는 억척이 아니었다는 사실을 알게 됩니다. 아기를 걱정하는 엄마의 초조한 마음이 고스란히 느껴지기 때문입니다.

> 아기는 잠을 곤히 자고 있지만
> 갈매기 울음소리 맘이 설레어
> 다 못 찬 굴 바구니 머리에 이고
> 엄마는 모랫길을 달려옵니다.♦

울 엄마 같은 하나님. 그 하나님이 홀로 남겨진 채 잠든 아기와 같은 우리를 위해 정신없이 달려오고 계십니다. 눈물이 납니다. 하나님, 고맙습니다.

그러니 사랑하는 당신과 나는 너무 걱정하지 않기로 해요. 하나님이 결국 잘해주실 테니 말입니다. 그동안 잘해주신 하나님께서 앞으로도 잘해주실 줄 믿어요. 그리고 '하나님 어디 계셨느냐'고, '왜 나를 버려두셨느냐'고, '나는 혼자였지 않느냐'고 따지는 불신앙에서 멀어지면 좋겠습니다.

두려운 오늘을 또 한 번 힘차게 살아내는 우리가 되기를 소망합니다. 하나님께서 연약한 무릎을 일으켜 세우시며(히12:12-13), 그의 날개 아래 우리를 보호하실 겁니다(시91:4). 그러니 오늘도 씩씩하고 당당해요. 우리.

사랑합니다. 우와~

♦ 한인현, 「섬 집 아기」, 『문들레』 (제일출판사, 1946)

백 번의 위로 사랑합니다

열 번째
위로

열왕기상 4장 29-31절에는 솔로몬의 탁월함이 적혀 있습니다.

하나님이 솔로몬에게 지혜와 총명을 심히 많이 주시고 또 넓은 마음을 주시되, 바닷가의 모래같이 하시니 솔로몬의 지혜가 동쪽 모든 사람의 지혜와 애굽의 모든 지혜보다 뛰어난지라. 그는 모든 사람보다 지혜로워서 예스라 사람 에단과 마홀의 아들 헤만과 갈골과 다르다보다 나으므로 그의 이름이 사방 모든 나라에 들렸더라.

돈과 권력, 그리고 오래 사는 것을 구하기보다, 사람의 아픔을 분별하는 지혜(왕상3:8-12)를 구한 솔로몬에게 하나님은 지혜와 총명, 그리고 넓은 마음을 주셨습니다. 동시에 그가 구하지 않은 부귀와 영광, 장수의 복도 약속하셨습니다(왕상3:13-14). 그래서 그는 탁월한 존재로 우뚝했습니다. 그가 구한 지혜는 나보다 남을 먼저 생각하는 따뜻함이라는 생각이 듭니다. 그의 따뜻한 마음이 하나님을 기쁘시게 했던 것입니다(왕상3:10). 안타깝게도 솔로몬의 나중은 변질되긴 했지만, 그 당시 솔로몬의 마음은 "먼저 그의 나라와 그의 의를 구하는 마음(마6:33)"과 깊이 잇대어 있었던 것은 아닐까 하고 가늠해 봅니다.

그의 나라를 구하는 것을 저는 때로 "(목회)상담나라"를 일구는 것이라고 말하는데요, 하나님으로 인해 모든 사람이 모든 사람을 기뻐하는 세상, 그로 인해 모든 사람이 모든 사람을 귀히 여기는 세상, 그래서 모든 사람이 모든 사람의 이야기를 가치 있게 들을 줄 아는 세상, 그런 세상을 꿈꾸기 때문입니다. 그런데 그 세상에 가득한 하나님의 의로우심은 어느 누구든 환대하며 긍휼히 여기는 따뜻함으로 나타나지 않을까요? 그래서 저는 그런 따뜻함이 주된 정서로 자리 잡힌 하나님의 나라를 꿈꿉니다.

비록 오늘에서 도망치고 싶을 정도로 냉랭한 세상을 살지만, 복음의 기쁜 소식으로 모두가 훈훈하게 느끼는 따뜻한 세상, 그래서 모든 사람이 모든 사람과 즐거이 하나님을 찬송하는 그런 세상을 만드는 우리가 되기를 바랍니다.

그리고... 솔로몬의 마지막을 아는 우리로선 잊지 않아야 할 것이 하나 있습니다. 지난번에 소개해 드린 유승우 시인 기억하시지요? 시인의 시, 「물건」에서 장로님은 이렇게 말합니다. "그 사람 참 물건이야. 큰일을 한 사람을 가리키는 말입니다." 그런데 "솥은 밥만 지을 뿐 누룽지 한 조각도 챙기지 않습니다. 신발은 먼 길을 걷고도 방에 들어가지 않습니다. 높은 분들이 다 물건이면 좋겠습니다."

모든 사람이 모든 사람을 즐거이 여기는 따뜻함이 가득한 세상을 건설하더라도 자신의 지분을 과감하게 포기할 줄 알며, **"그저 해야 할 일을 했을 뿐입니다."** 홀연히 접을 줄 아는 우리가 되면 참 좋겠습니다. 그런 우리를 하나님께서 자랑스러워하실 겁니다.

사랑합니다. 우와~

열한 번째
위로

시편 46편 1-3절은 우리가 믿는 하나님을 신뢰하는 사람의 반석 같은 믿음에 대해 보여줍니다.

하나님은 우리의 피난처시오, 힘이시니, 환난 중에 만날 큰 도움이시라. 그러므로 땅이 변하든지 산이 흔들려 바다 가운데에 빠지든지 바닷물이 솟아나고 뛰놀든지 그것이 넘침으로 산이 흔들릴지라도 우리는 두려워하지 아니하리로다(셀라).

이런 믿음을 좇는 그리스도인이라면 늘 당당하고 씩씩해야 할 텐데요, 웬걸 두려움과 불안에 정신 차리지 못할 때가 많다는 생각을 합니다. 신앙은 내팽개친 듯 말과 행동에 치졸하게 드러나는 옹졸한 자신을 발견할 때가 있기 때문입니다.

시인 김수영 역시 그의 시, 「어느 날 고궁을 나오면서」에서 자신의 옹졸함에 대해 마음 아파했습니다.

왜 나는 조그마한 일에만 분개하는가

저 왕궁王宮 대신에 왕궁의 음탕 대신에

50원짜리 갈비가 기름덩어리만 나왔다고 분개하고

옹졸하게 분개하고 설렁탕 집 돼지 같은 주인 년한테 욕을 하고

옹졸하게 욕을 하고

한번 정정당당하게

붙잡혀간 소설가를 위해서

언론의 자유를 요구하고 월남 파병에 반대하는

자유를 이행하지 못하고

20원을 받으러 세 번씩 네 번씩

찾아오는 야경꾼들만 증오하고 있는가

옹졸한 나의 전통은 유구하고 이제 내 앞에 정서로

가로놓여 있다

…

아무래도 나는 비켜서 있다 절정 위에는 서 있지

않고 암만해도 조금쯤 옆으로 비켜 서 있다

그리고 조금쯤 옆에 서 있는 것이 조금쯤

비겁한 것이라고 알고 있다!

그러니까 이렇게 옹졸하게 반항한다

이발쟁이에게

땅주인에게는 못하고 이발쟁이에게

구청직원에게는 못하고 동회직원에게도 못하고
야경꾼에게 20원 때문에 10원 때문에 1원 때문에
우습지 않으냐 1원 때문에

모래야 나는 얼마큼 작으냐
바람아 먼지야 풀아 나는 얼마큼 작으냐
정말 얼마큼 작으냐⋯⋯✦

김수영 시인의 한탄에 부끄러운 한숨을 섞어 봅니다. 정말 옹졸하기 이를 데 없는 '나'라는 존재의 작음에 대해 낯이 붉어집니다. 조그마한 일에 이 땅의 정의가 사라진 듯 분개하고, 별것 아닌 일에도 세상이 끝났다며 불안해하는 인생이라는 생각을 합니다. 또 무엇인가를 얻고 이루기를 원해 욕심을 부리며 나름 열정이라 자기를 합리화합니다. 이런 우리네 알량함을 주님께서 불쌍히 여기시기를, 그저 다시 한번 붙들어 주시기를 기도해 봅니다.

그저 바라기는 땅과 산이 흔들리고 바다가 삼킬 듯 우리를 덮치는 그 상황에서도 하나님을 기억할 수 있기를, 그래서 두려움 속에 떨리는 두 다리이지만 그래도 버티고 설 수 있는 우리가 될 수 있기를 바랍니다.

✦ 김수영, 「어느 날 고궁을 나오면서」, 『거대한 뿌리』(민음사, 2014) 중에서

백 번의 위로 사랑합니다

문득 죄송함이 가득합니다. 늘 피할 바위가 되어 주시고, 든든한 산성 되어 주시는 하나님이신데, 그의 사랑에 비하면 보잘것없는 믿음을 가진 인생이니... 사람이 정말 감사하고 고마우면 "죄송합니다" 하는 법인데, 하나님의 사랑이 너무 커서, 그 사랑을 받기에는 '나'라는 존재가 너무 작아서, "하나님 죄송합니다. 참 고맙습니다. 그리고 사랑합니다." 민망하지만 고백해 봅니다.

열두 번째
위로

마태복음 6장 31-34절은 다음과 같이 우리에게 권면합니다.

그러므로 염려하여 이르기를 무엇을 먹을까, 무엇을 마실까, 무엇을 입을까 하지 말라. 이는 다 이방인들이 구하는 것이라. 너희 하늘 아버지께서 이 모든 것이 너희에게 있어야 할 줄을 아시느니라. 그런즉 너희는 먼저 그의 나라와 그의 의를 구하라. 그리하면 이 모든 것을 너희에게 더하시리라. 그러므로 내일 일을 위하여 염려하지 말라. 내일 일은 내일이 염려할 것이요, 한 날의 괴로움은 그 날로 족하니라.

걱정과 불안, 근심과 염려 속에 파묻혀 있는 우리에게 정작 무엇을 바라보며 어떻게 살아야 할지를 말씀은 일러줍니다. 말씀대로 살면 인생의 필요를 아시는 하나님께서 우리를 풍성하게 하신다니, 모든 것을 더하시겠다니, 그저 말씀에 삶을 의지해 봅니다. 그저 바라기는 어떤 상황이 오든 하나님에 대한 성실을 잃지 않기를 바랍니다. 그래서 오늘이 당당한, 자신에 대해 씩씩한 오늘이 되면 참 좋겠습니다.

뭐 좀 모자라면 어때요? 내세울 것 없는 인생이면 뭐 어떻습니까? 오늘을 살자는 휴머니스트의 고백, 카르페 디엠Carpe Diem, 아모르 파티Amor Fati, 휘게Hygge, 욜로YOLO, 혹은 소확행小確幸이 냉소주의나 허무주의, 혹은 패배주의의 수렁에 빠진 외침이 되지 않도록, 오늘을 진짜로 살기 위해 하나님을 구합니다.

본 회퍼Dietrich Bonhoeffer 목사님의 옥중 글을 소개합니다. 분명 목사님은 옥에 갇혀 죽음을 앞두고 있는 자신의 상황에 많이 억울해하며 때로 불안과 공포심에 몸서리를 쳤을 겁니다. 그래도 목사님은 자신이 처한 현재를 부정하지 않았습니다. 하나님께서 통치하시는 현재를 살아야 한다고 우리에게 권면합니다. 찐으로 멋진 목사님이란 생각이 듭니다. 이런 멋짐이 오늘 나에게도 그리고 당신에게도 묻어나길 소망해 봅니다. 하나님께서 잘해주실 줄 믿습니다. 사랑합니다. 우와~

현재는
책임 있게 행해야 할
우리와 함께하시는 하나님의 시간이며
각각의 현재
즉 오늘과 내일은

다양한 모양으로 실재하는

시간이라고 할 수 있습니다

전 세계사에서

진실로 중요한 시간은

언제나 현재임을 기억하십시오

현재에서 도망치는 사람은

하나님의 시간에서 도망치는 것이며

그것은 곧

하나님에게서 도망치는 것입니다♦

♦ 디트리히 본회퍼, 「현재」, 『정말 기독교는 비겁할까』 (국제제자훈련원, 2011) 중에서

백 번의 위로 사랑합니다

열세 번째
위로

시인 이근배는 「살다가 보면」이란 자신의 시에서 "살다가 보면, 넘어지지 않을 곳에서 넘어질 때가 있다. 사랑을 말하지 않을 곳에서 사랑을 말할 때가 있다. 눈물을 보이지 않을 곳에서 눈물을 보일 때가 있다"고 말합니다.

정말 그렇지요? 삶은 불규칙과 불확실성의 연속이라는 생각을 합니다. 생각한 대로 계획한 대로 살아지지 않을 때가 많으니 말입니다. 그러니 그럼에도 흔들리는 삶을 살아낸다는 것은 정말 대단한 일이라는 생각이 듭니다.

"그냥저냥 살아요.", "죽지 못해 살아요." 함부로 말하지 말아야겠습니다. 산다는 것은 분명 기적 같은 일이기 때문입니다. 삶을 산다는 것만큼 큰 믿음의 행위는 없습니다. 까짓 사는 게 대수냐고 생각할 수도 있지만 그렇지 않은 것 같습니다. 아프지 않을 때에야 일상이 평범하겠지만, 아플 때 일상을 유지하는 것은 대단히 비범非凡한 일이기 때문입니다.

시편 61편 1-4절은 삶의 고난에 처한 시인이 하나님께 드린 간절한 기도문의 내용입니다.

하나님이여, 나의 부르짖음을 들으시며 내 기도에 유의하소서. 내 마음이 약해질 때에 땅 끝에서부터 주께 부르짖으오리니 나보다 높은 바위에 나를 인도하소서. 주는 나의 피난처시요, 원수를 피하는 견고한 망대이심이니이다. 내가 영원히 주의 장막에 머물며 내가 주의 날개 아래로 피하리이다(셀라).

가슴을 치고 울며불며 기도하다 보면, 하나님께서 피난처와 견고한 망대가 되어주실 것을 믿습니다. "그럼에도 살겠습니다. 또 한 번 더 살아보겠습니다." 마음을 다잡을 때마다 평안과 위로의 주님이 함께하실 것이라 믿습니다. 그러니 희망을 일구어 가는 오늘이 되기를 바랍니다.

힘내세요. 어쩌면 이 말조차 비수로 가슴에 꽂힐 당신을 위해 기도합니다. 그러니 제발 오늘 하루만이라도 더 살아보면 좋겠습니다. 하나님이 잘해주실 겁니다. 사랑합니다. 사랑합니다. 사랑합니다.

열네 번째
위로

'이 아무개'라고 불리길 원했던 이현주 목사님의 시, 「기다림」은 비장하기까지 합니다. "나 당신을 기다릴 수만 있다면 당신을 기다리는 기다림으로 살아갈 수만 있다면 당신 마침내 오지 않아도 좋다." 사랑처럼 기다림을 바라고 견디고 끝내 믿는 것이라며(고전13:7), 목사님은 이렇게 주장합니다. "태어나면서 나의 삶은 이미 당신을 기다렸고, 죽을 때까지 나의 세월은 당신만을 바라리니 오, 내가 당신을 기다릴 수만 있다면 당신을 기다리는 기다림으로 죽어 갈 수만 있다면 당신 마침내 오지 않아도 좋다."

이건 오라는, 제발 오라는 말보다 더 절박합니다. 안 오면 안 된다는 직설적인 말보다 훨씬 간절해 심지어 무섭기까지 합니다.

시를 통해 목사님은 "그리스도인이란 곧 기다리는 사람"이라는 정체성을 분명히 나타내 보여줍니다. 살아가며 많은 것을 기다려야 하는 우리에게 기다림의 자세가 무엇이어야 하는지를 말해 줍니다.

그래요, 가서 만날 하나님의 나라에서 하나님께 꼭 물어볼 날이 있을 겁니다. 왜 그렇게 오랜 시간을 기다리게 하셨는지, 혹 우리를 잊으셨던 것은 아닌지, 대체 그 지루한 기다림 속에서 무엇을 깨닫기를 원하셨는지... 아마 그때가 되면 하나님께서 차근히 설명해 주시겠지요? 그때까지는 알 수도 이해되지도 않는 기다림을 기다리며 오늘이 하루를 그래도 용기 있게 기다려보는 우리가 되면 좋겠습니다. 우리 약해지지 말아요. 그냥 기다려 보지요, 뭐. 하나님이 결국 잘해주실 테니 말입니다.

말씀 히브리서 10장 35-39절은 믿음의 가장 큰 특징 가운데 하나인 인내에 대해 말해줍니다.

그러므로 너희 담대함을 버리지 말라. 이것이 큰 상을 얻게 하느니라. 너희에게 인내가 필요함은 너희가 하나님의 뜻을 행한 후에 약속하신 것을 받기 위함이라. 잠시 잠깐 후면 오실 이가 오시리니 지체하지 아니하시리라. 나의 의인은 믿음으로 말미암아 살리라. 또한 뒤로 물러가면 내 마음이 그를 기뻐하지 아니하리라 하셨느니라. 우리는 뒤로 물러가 멸망할 자가 아니요, 오직 영혼을 구원함에 이르는 믿음을 가진 자니라.

기다림처럼 지루한 것은 또 없을 겁니다. 하지만 믿음은 곧 기다림, 그 자체는 아닐까 생각해 봅니다. 심지어 기다림의 결과가 우리가 원하는 방식이 아니라 할지라도, 기다려 본 사람을 하나님께서 구원하시고 칭찬하실 겁니다.

오늘, 잘 기다려 보기로 마음먹어 보는 우리를 칭찬해 보아요. "우와!" 하고 말입니다. 사랑합니다.

열다섯 번째
위로

다윗이 훌륭한 것은 경고와 질책을 회개의 동기와 시점으로 삼았다는 것입니다. 그는 절대 권력자로 자기가 원하는 것을 다 이룰 수도, 손에 쥘 수도 있었습니다. 그래서 범죄도 서슴지 않았습니다. 우리야의 아내 밧세바를 범한 후 더욱 악해질 수도 있었지만 선지자 나단의 질책을 듣고 그는 바로 하나님께로 돌이켜 스스로의 죄악을 회개하였습니다. 그가 했던 회개 기도의 일부입니다.

하나님이여, 내 속에 정한 마음을 창조하시고, 내 안에 정직한 영을 새롭게 하소서. 나를 주 앞에서 쫓아내지 마시며 주의 성령을 내게서 거두지 마소서. 주의 구원의 즐거움을 내게 회복시켜 주시고 자원하는 심령을 주사 나를 붙드소서(시51:10-12).

정한 마음과 정직한 영. 사람이 가진 욕심의 크기를 생각해 보면 불가능해 보입니다. 때로 살아 꿈틀대는 욕심은 아무리 채워줘도 배가 고픈 듯 또 다시 무엇인가를 채우라고 종용합니다. 욕심을 채우기

백 번의 위로 사랑합니다

에 급급한 인생이기에 정한 마음과 정직한 영은 너무 멀게만 여겨지는 이상적인 모습인 것 같다는 생각을 합니다.

그래서 다윗은 하나님께 도움을 구합니다. 정한 마음을 창조하시고, 정직한 영을 새롭게 해 달라고 기도합니다. 주님 앞에서 쫓아내지 마시고 주의 성령을 거두지 마시라고 통곡합니다.

다윗의 기도에 우리의 기도를 더하면 좋겠다 싶습니다. 이리저리 밟히고 치이는 풀 같은 인생이지만 하나님께서 불쌍히 여겨 주셔서 다시 한 번 일어설 수 있기를 기도합니다.

1950년대 박인환, 이봉구 등의 문인들과 함께 명동시대를 주도하며 정권의 폭거에 맞서 저항시를 섰던 시인 김수영의 「풀」을 소개합니다. 풀과 같은 인생이지만 풀처럼 삶에 대한 참여와 세상에 대한 참여를 이루고자 했던 시인의 마음에 다가가 봅니다.

풀이 눕는다
비를 몰아오는 동풍에 나부껴
풀은 눕고
드디어 울었다
날이 흐려서 더 울다가
다시 누웠다
…

날이 흐리고 풀이 눕는다
발목까지
발밑까지 눕는다
바람보다 늦게 누워도
바람보다 먼저 일어나고
바람보다 늦게 울어도
바람보다 먼저 웃는다
날이 흐리고 풀뿌리가 눕는다◆

우리는 분명 약한 존재입니다. 그리고 세상은 우리보다 훨씬 강하고 험합니다. 하지만 하나님이 살아계시고 그가 우리와 함께하시니 당당하고 씩씩할 이유가 충분하다 싶습니다. 하나님께서 도와주시고 잘해주실 겁니다. 우리를 버리지 않으실 것입니다. 그러니 오늘도 화창하세요. 상황에 굴하지 말고 찬란하시길 빕니다. 우와~ 사랑합니다.

◆ 김수영, 「풀」, 『김수영 전집』(민음사, 2015) 중에서

백 번의 위로 사랑합니다

열여섯 번째
위로

　시인 정희성은 자신의 시, 「희망공부」에서 "절망의 반대가 희망은 아니다 어두운 밤하늘에 별이 빛나듯 희망은 절망 속에 싹트는 거지"라고 단언합니다. 희망의 신학자 위르겐 몰트만Jürgen Moltmann 역시 "희망이라는 이름의 싹은 절망이라는 이름의 토양에서 움이 틉니다"라고 말했습니다.

　희망은 막연한 낙관이 아닙니다. 낙관은 '이렇게 하면 이러이러하게 될 거야'라는 누구나 생각할 수 있는 예측과 예상으로 갖게 되는 심리적 안도감입니다. 하지만 희망은 예측할 수 없는 불확실성의 상황에서 하나님을 기다리며 바라는 용기입니다. 이 용기를 믿음이라고 부르는 것입니다.

　우리는 그리스도인, 믿음의 사람들입니다. 믿음을 가진 사람들은 낙관이 아닌 희망을 말하고 살 줄 알아야 합니다. 낙심하지 않아야겠습니다. 오히려 우리의 연약한 무릎을 일으켜 세워 착한 일을 위해 걸어가야겠습니다. 그렇게 희망을 이루는 우리가 되어야겠습니다.

갈라디아서 6장 9-10절 말씀 역시 우리를 권면합니다.

우리가 선을 행하되 낙심하지 말지니, 포기하지 아니하면 때가 이르매 거두리라. 그러므로 우리는 기회 있는 대로 모든 이에게 착한 일을 하되 더욱 믿음의 가정들에게 할지니라.

갈라디아서의 말씀은 마치 선을 행하면 낙심할 거라고, 포기하게 될 거라고 말하는 것 같습니다. 언뜻 이해되지 않는 듯싶지만, 세상을 살아보고 세상이 얼마나 험한지 경험해 보면 말씀을 이해하게 됩니다. 그래서 스스로 바보 같다는 생각을 하게도 될 겁니다.

설령 그렇다 할지라도 기회가 되는대로 선하고 착한 일을 해야겠습니다. 사랑이 없다 여겨지는 세상에서 사랑을 외쳐야겠습니다. "사랑합니다"라는 외침을 하나님께서 세상에 공명시켜 진한 여운과 감동으로 만들어 주실 테니, 우리 그날까지 착한 일을 멈추지 않으면 좋겠습니다. 산처럼 우뚝하게.

열일곱 번째
위로

　선지자 이사야가 들려주는 하나님의 사랑 노래입니다. 오늘을 부정하며 절망하는 우리를 향해 불러주는 애틋한 사랑 노래입니다.

　야곱의 집이여, 이스라엘 집에 남은 모든 자여, 내게 들을지어다. 배에서 태어남으로부터 내게 안겼고 태에서 남으로부터 내게 업힌 너희여, 너희가 노년에 이르기까지 내가 그리하겠고, 백발이 되기까지 내가 너희를 품을 것이라. 내가 지었은즉 내가 업을 것이요, 내가 품고 구하여 내리라(사46:3-4).

　문득 시인 손택수의 「외할머니의 숟가락」이 생각납니다.

　외갓집은 찾아오는 이는 누구나
　숟가락부터 우선 쥐여 주고 본다
　집에 사람이 있을 때도 그렇지만
　사람이 없을 때도, 집을 찾아온 이는 누구나

밥부터 먼저 먹이고 봐야 한다는 게
고집 센 외할머니의 신조다
외할머니는 그래서 대문을 잠글 때 아직도 숟가락을 쓰는가
자물쇠 대신 숟가락을 꽂고 마실을 가는가*

무슨 일인지, 왜 그렇게 했는지, 어쩌다 그랬는지, 꼬치꼬치 캐묻
기보다 다짜고짜 밥부터 먹여주시는 할머니의 마음처럼, 우리의 현재
와 상관없이, 또 우리의 실패와 아랑곳없이, 우리를 안고 업고 품고
다니시겠다는 하나님의 사랑을 이사야는 노래했던 것입니다.

후배가 선물로 가져다준 사골을 고고 고았으나 뽀얀 국물이 나지
않아 단골 정육점에 물어봤더니 "아마 몇 배나 새끼 낳고 젖 빨려 뼈
에 구멍 숭숭 암소일 것"이라는 말을 듣고는 시인 손세실리아는 늙으
신 어머니를 생각했습니다.

그랬구나
평생 장승처럼 눕지도 않고 피붙이 지켜온 어머니
저렇듯 온전했던 한 생을
나 식빵 속처럼 파먹고 살아온 거였구나
그 불면의 충혈된 동공까지도 나 쪼아먹고 살았구나

♦   손택수, 「외할머니의 숟가락」, 『호랑이 발자국』 (창비, 2003) 중에서

백 번의 위로 사랑합니다

뼛속까지 갉아먹고도 모자라

한 방울 수액까지 짜내 목 축이며 살아왔구나

희멀건 국물

엄마의 뿌연 눈물이었구나♦♦

   왈칵 눈물이 납니다. 하나님의 사랑을 파먹고 쪼아먹고 살아온 모지리 인생, 그게 나라는 생각에 하나님에 대한 죄송함이 쓰나미처럼 밀려옵니다. 우리고 우려 뼛속까지 우려먹기만 하는 못난이인데, 하나님의 사랑 덕에 목숨을 연명하는 먼지 같은 인생인데, 이 사랑을 어떻게 갚을지요? 이사야가 들려주는 하나님의 사랑 선언에 그저 고개를 떨굽니다. "하나님, 죄송합니다. 그리고 고맙습니다." 나지막이 고백해 봅니다.

♦♦   손세실리아, 「곰국 끓이던 날」, 『기차를 놓치다』 (애지, 2006) 중에서

열여덟 번째
위로

역대상 4장 10절은 야베스의 세 가지 간구를 담고 있습니다.

야베스가 이스라엘 하나님께 아뢰어 이르되, 주께서 내게 복을 주시려거든 나의 지역을 넓히시고, 주의 손으로 나를 도우사 나로 환난을 벗어나, 내게 근심이 없게 하옵소서 하였더니, 하나님이 그가 구하는 것을 허락하셨더라.

해마다 연말이면 즐겨 부르는 찬송이 있습니다. "지금까지 지내온 것, 주의 크신 은혜라. 한이 없는 주의 사랑, 어찌 이루 말하랴..." 내 뜻대로 산 것 같고, 내가 계획하고 내가 노력해서 내가 이룬 것 같지만, 곰곰이 생각해 보면 모든 것이 하나님의 은혜요, 한이 없는 주의 사랑 덕임을 고백할 수밖에 없는 것 같습니다.

가만히 생각해 보면 우리는 야베스가 구한 복을 받아 이미 누리고 있다는 생각이 듭니다. 비행기를 타면 가지 못하는 곳이 없을 정도니 우리의 지경이 넓어졌습니다. 서로 죽이는 전쟁 없이 자유민주주의 사회에서 살고 있으니 환난에서 벗어난 인생이란 생각이 듭니다. 또 염려 걱정이야 어쩔 수 없지만 그래도 어찌어찌 살아내고 있으니 그래도 괜찮은 인생이란 생각도 합니다. 그러니 야베스 못지않게 복 받은 인생이지요.

'그렇다면 받은 복을 나눠주는 삶을 살 수 있어야 하지 않을까?' 생각이 여기에 이르자 자꾸만 나만 위하고 싶은 이기적인 마음을 말씀을 통해 기경해야겠다(호10:12)는 다짐을 해 봅니다. 말씀을 통해 딱딱해진 마음을 말랑말랑하게 만들어야겠습니다. 그래서 곽해룡 시인이 「할머니의 소원」에서 말했던 것처럼 **"염소를 먹이기 위해 길러지는 풀처럼, 사람을 먹이기 위해 길러지는 고추 마늘 콩처럼"** 살아야겠습니다.

낙지, 고동, 꼬막이 잘 지내는 갯벌처럼 누군가를 위한 좋은 거처가 되어 생명을 품는 사람이 될 수 있기를 소망해 봅니다. 희망도 나누고, 사랑도 나누고, 서로를 위로하고 품어주는 하나님의 나라, 모든 사람이 모든 사람을 기뻐하는 그런 세상, 생명을 살리는 그런 세상을 만들어야겠습니다. 부족하고 작은 소리이지만 사랑을 외쳐야겠습니다. 사랑합니다.

열아홉 번째
위로

🕯

하나님께서 원하시는 자랑거리는 무엇일까요? 선지자 예레미야는 이렇게 하나님의 말씀을 전합니다.

여호와께서 이와 같이 말씀하시되 지혜로운 자는 그의 지혜를 자랑하지 말라. 용사는 그의 용맹을 자랑하지 말라. 부자는 그의 부함을 자랑하지 말라. 자랑하는 자는 이것으로 자랑할지니 곧 명철하여 나를 아는 것과 나 여호와는 사랑과 정의와 공의를 땅에 행하는 자인 줄 깨닫는 것이라. 나는 이 일을 기뻐하노라. 여호와의 말씀이니라(렘9:23-24).

지혜, 용맹과 부함... 정말 대단한 것들입니다. 그래서 지혜롭거나 용맹하며, 혹은 가진 것이 많은 사람들을 보면 부럽습니다. '나는 언제쯤 그렇게 될 수 있을까?' 동경하는 마음이 듭니다. 하지만 민족의 위기와 멸망 앞에서 슬픔과 눈물로 하나님의 말씀을 전하며 회개를 외쳤던 예레미야 선지자, 그에게 하신 하나님의 말씀을 묵상하며, 오늘 이 시대를 살아가는 우리가 어떤 마음가짐으로 살아야 할까를 생각해 봅니다.

하나님께선 하나님을 알고 깨닫는 것을 기뻐하신다고, 자랑해도 그것을 자랑하라고 말씀합니다. 유한한 것을 추구하며 자랑하기보다 영원에 잇대어 살아가라고 권면하신 것입니다. 특히 오늘처럼 힘든 날이라면 사람의 생각에 머물기보다 하나님의 마음에 이르려 노력하라는 깨우침이 아닐까 싶습니다.

이 글을 읽는 사랑하는 당신께 마음을 전합니다. 우리 함께 하나님의 살아계심을 자랑하고, 하나님의 뜻을 살아가는, 그런 기쁨 안에 살기로 하면 좋겠습니다. 분명 모든 지각에 뛰어난 하나님의 평강이 그리스도 예수 안에서 우리의 마음과 생각을 지키실 것입니다. 하나님께서 우리를 잘해주실 겁니다.

거제 해금강 작은 섬들을 배 타고 한 바퀴 돌았습니다. 작은 섬, 높은 바위 사이에 작은 소나무 한 그루가 눈에 들어왔습니다. 바위틈에서 바위처럼 자란 소나무, 거센 바람과 파도에도 끄떡없이 버틴 소나무를 보며, 큰 사람은 힘든 순간에 더욱 단단해지는 법이라며 "군자고궁君子固窮"을 외쳤던 공자와 "매서운 한파 이후에야 소나무와 잣나무가 더디 진다는 것을 알게 된다歲寒然後知松栢之後彫也"던 완당 김정희 선생이 생각났습니다.

하늘에 잇댄 삶, 추위에 끄떡없는 푸른 소나무처럼, 그렇게 영원을 바라며 사는 큰 사람이 될 수 있기를 바랍니다. 우리 한번 힘내 보자고요. 사랑합니다. 우와~

스무 번째
위로

시편의 시인은 121편 1-8절을 통해 이렇게 우리 하나님을 노래합니다.

내가 산을 향하여 눈을 들리라. 나의 도움이 어디서 올까. 나의 도움은 천지를 지으신 여호와에게서로다. 여호와께서 너를 실족하지 아니하게 하시며 너를 지키시는 이가 졸지 아니하시리로다. 이스라엘을 지키시는 이는 졸지도 아니하시고 주무시지도 아니하시리로다. 여호와는 너를 지키시는 이시라. 여호와께서 네 오른쪽에서 네 그늘이 되시나니, 낮의 해가 너를 상하게 하지 아니하며 밤의 달도 너를 해치지 아니하리로다. 여호와께서 너를 지켜 모든 환난을 면하게 하시며 또 네 영혼을 지키시리로다. 여호와께서 너의 출입을 지금부터 영원까지 지키시리로다.

우와, 말씀이 참 좋지요? 이런 든든한 하나님이 계시니 그것만으로도 행복하다는 생각이 듭니다. 이런 복을 누리지만 말씀이 이렇게 일러주지 않으면 이런 사랑이 존재하는지도 모르는 인생이니 그것이 안타깝고 쓸쓸합니다. 잊지 않아야겠습니다. 우리 하나님이 어떤 하나님이시며 우리가 어떤 존재인지를 말입니다.

이미 복을 받았는데 자꾸만 복에 메말라 있다니! 복을 바라는 사람은 복이 없는 사람임을 증명하는 것이니, 이미 복 받은 사람으로 복을 나눠야겠습니다.

카피라이터 정철은 그의 책, 『머리를 9하라』에서 몇 년을 살았는지 따지기보다는 몇 년이 남았는지 남겨진 햇수로 나이를 가늠해 보라고 말합니다. 남겨진 햇수라는 말에 일견 무서운 생각이 들기도 하지만 허투루 오늘을 살아선 안 되겠다는 다짐을 해 봅니다.

함부로 가족을 대하거나 무심결에 사람을 대하지 말아야겠습니다. 함부로 시간을 낭비하거나 생각 없이 살지 말아야겠습니다. 조금 더 가치 있고, 조금 더 의미 있는 일에 열심을 내야겠습니다.
지치고 무거운 몸을 일으켜 산책이라도 하며 힘을 내야겠습니다. 그리고 다시 한 번 살아야겠습니다. 누군가를 보듬고 품을 줄 아는 따뜻한 세상을 만들어야겠습니다. 시인 김종해는 그의 시 「눈」에서 차가운 눈이 왜 포근하게 느껴질까를 생각하며 이렇게 노래했습니다.

서로가 서로를 업고 있기 때문에

내리는 눈은 포근하다
서로의 잔등에 볼을 부비는
눈내리는 날은 즐겁다
눈이 내릴 동안
나도 누군가를 업고 싶다◆

차가운 냉기 가득한 눈조차 따뜻한 정서로 채워지는 신비를 발견했는데요, 그렇다면 36.5도의 사람 온기에 온기를 더하면 무엇이든 녹이는 펄펄 끓는 용광로가 되지 않을까요? 그렇게 차가운 세상을 섬겨야겠습니다. 지금 당장 누군가에게 "사랑합니다"라며 사랑을 전하는 오늘이길 소망합니다.

◆ 김종해, 「눈」, 『풀』 (문학세계사, 2013) 중에서

제 2 부

◆

오늘이

속상한

당신을 위한 위로

첫 번째
위로

🕯

　분노는 때로 열정의 원동력이 되기도 하지만, 아무래도 분노는 자신과 주변을 힘들게 할 때가 많습니다. 화火는 말 그대로 불입니다. 나는 물론 나를 둘러싼 모든 것을 태워버려 결국 재만 남게 합니다.

　그럼에도 때론 화를 내고 싶습니다. 모든 것을 태워버리고도 싶습니다. 그만큼 삶이 절박하고 속상하기 때문입니다. 원하는 대로 이루어지지 않는 인생이라 무기력과 절망을 느끼면 더욱 그렇습니다. '어디 갈 데가 없을까?', '할 수 있는 일은 없을까?' 매캐하게 마음 가득 담긴 분노를 해결할 수 있는 환기적 대상이나 공간을 만나고 싶습니다.

　사회학자인 레이 올덴버그Ray Oldenburg는 자신의 책, 『The Great Good Place』에서 제3의 공간의 필요성에 대해 역설했습니다. 세상에서 안전함과 안정성, 의미를 발견할 수 없게 되자, 사람들은 아지트Hiding place를 찾아 헤매기 시작했다는 겁니다. 그는 이 아지트의 특징을 다섯 가지로 정리했습니다. ①차별과 계급적 서열이 파괴되는 공간, ②출입이 용이한 공간, ③자유로움이 있는 공간, ④마음껏 이야기 할 수 있는 공간, ⑤먹을 것이 있는 공간.

올덴버그는 이 다섯 가지를 경험할 수 있다며 사람들이 선택한 공간으로 카페, 술집, 공원, 미용실, 서점 등을 소개합니다. 삶의 스트레스를 온몸으로 받아낸 사람들이 가정과 교회로 향했지만, 그곳에서 아지트 느낌을 받을 수 없게 되자 제3의 공간을 찾게 된 것이라고 분석합니다. '어디 갈 데가 없구나!' 올덴버그의 해석에 마음이 무거워집니다.

가정과 교회! 서로 연결되어 하나임을 고백하는 공간! 그 공간이 숨 쉴 수조차 없는 공간이 되었다니, 그래서 사람들이 카페나 술집, 공원으로 달려간다니… 마음이 아픕니다. 세상이 아무리 우리를 속박하고 옥죈다 할지라도 가정과 교회에선 "나 자유 얻었네, 너 자유 얻었네, 우리 자유 얻었네!"라며 마음껏 자유로움을 누릴 수 있어야 할 텐데, 더욱이 출입이 용이해 컬컬한 속 깊은 이야기도 한껏 할 수 있는 공간이어야 할 텐데 말입니다.

열기 가득, 분노하는 마음을 어떻게 해결할 수 있을까요?

심리학자인 도널드 우즈 위니컷Donald Woods Winnicott의 이론을 정리한 책,『울타리와 공간』은 아이들에게 부모라는 공간이 아이의 성장을 위해 얼마나 중요한 공간인지를 설명합니다. 그리고 아이들의 울타리와 공간으로서 부모가 어떻게 아이들을 만나야 하는지를 일깨워 줍니다. 그에 의하면 아이들의 울타리와 공간인 부모가 사랑스러운 눈길로 아이들을 쳐다보는 것이 정말 중요합니다. 지나치게 좋은 공간일 필요는 없고 그저 '적당히 좋은Good-enough' 공간이면 된다고 합니다. 아이들이 하는 불평과 불만을 보듬어 주되, 적당한 거리 두기를 통해 아이들 스스로 이겨 낼 수 있도록 격려하라고 말합니다.

그러고 보면 '하나님이, 또 하나님의 말씀이 그런 공간이며 울타리가 아닐까?' 하는 생각이 듭니다. 어렵고 힘이 들 때면 읽는 말씀들이 있는데요, 하나 들려 드릴까요? 제게 울타리와 공간이 되어주는 말씀, 시편 91편 13-16절입니다.

네가 사자와 독사를 밟으며 젊은 사자와 뱀을 발로 누르리로다. 하나님이 이르시되 그가 나를 사랑한즉 내가 그를 건지리라. 그가 내 이름을 안즉, 내가 그를 높이리라. 그가 내게 간구하리니 내가 그에게 응답하리라. 그들이 환난 당할 때에 내가 그와 함께하여 그를 건지고 영화롭게 하리라. 내가 그를 장수하게 함으로 그를 만족하게 하며 나의 구원을 그에게 보이리라 하시도다.

참 좋은 말씀이지요? 이 말씀을 당신께 전해 드립니다. 글을 쓰는 저보다 글을 읽는 당신이 더 큰 복을 받으시면 좋겠습니다.

때로 하나님이 잘 안 보입니다. 말씀도 잘 안 들립니다. 하나님이

백 번의 위로 사랑합니다

란 공간 안에 있으면서도 '적당한 거리두기'를 하시는 하나님이시라 '나만 홀로 버려졌다'는 생각도 듭니다. 하지만 하나님께 부르짖으면 하나님께서는 반드시 응답하십니다. 그러니 '하나님은 우리를 사랑스럽게 쳐다보고 계셨던 것이로구나!' 하고 깨닫게 됩니다. 결국 우리의 성장과 회복을 위한 하나님의 사랑 가득한 인내, 거리 두기임을 알게 됩니다.

바라기는 우리 가정을, 또 우리 교회를 다시 한 번 기경하고 회복시킬 수 있으면 좋겠습니다. 그래서 가정에서 또 교회에서 하나님이란 울타리가 또 말씀이 형성하는 공간이 제공하는 따뜻함으로 화난 마음 마음마다 평안으로 데워지길 바랍니다.

오늘, 분노할 수밖에 없지만, 화난 당신의 마음을 하나님께서 꼭 안아 주실 거라 믿습니다. 사랑합니다.

두 번째
위로

시편 49편 8-13절은 '하나님은 대체 어디 계시는 거야?'라며 오늘을 분노하는 사람들에게 하나님의 약속을 전해줍니다.

여호와께서 이같이 이르시되 은혜의 때에 내가 네게 응답하였고 구원의 날에 내가 너를 도왔도다. 내가 장차 너를 보호하여 너를 백성의 언약으로 삼으며 나라를 일으켜 그들에게 그 황무하였던 땅을 기업으로 상속하게 하리라. 내가 잡혀 있는 자에게 이르기를 "나오라" 하며 흑암에 있는 자에게 "나타나라" 하리라. 그들이 길에서 먹겠고 모든 헐벗은 산에도 그들의 풀밭이 있을 것인즉, 그들이 주리거나 목마르지 아니할 것이며, 더위와 볕이 그들을 상하지 아니하리니, 이는 그들을 긍휼히 여기는 이가 그들을 이끌되 샘물 근원으로 인도할 것임이라. 내가 나의 모든 산을 길로 삼고 나의 대로를 돋우리니, 어떤 사람은 먼 곳에서, 어떤 사람은 북쪽과 서쪽에서, 어떤 사람은 시님 땅에서 오리라. 하늘이여 노래하라. 땅이여 기뻐하라. 산들이여, 즐거이 노래하라. 여호와께서 그의 백성을 위로하셨은즉, 그의 고난 당한 자를 긍휼히 여기실 것임이라.

혹 킴 윅스Kim Wickes를 아세요? 그녀는 6·25전쟁에서 실명했습니다. 또 부모에게 버림을 받았습니다. 하지만 한 미군 중사의 도움으로 미국으로 입양되었었는데요, 인디애나 주립대학을 졸업하고 오스트리아에서 성악 수업을 받아 성악가가 되었습니다. 간증이 많았던 그녀였기에 킴 윅스는 빌리 그레이엄Billy Graham 목사님과 함께 전도대회를 다니며 찬양을 통해 하나님께 영광을 돌렸습니다. 그런 그녀가 이런 말을 했습니다.

사람들이 시각장애인인 나를 인도할 때, 저 100m 전방에 뭐가 있다고 말하지 않습니다. 앞에 물이 있으니 건너뛰라고 하고, 층계가 있으니 발을 올려놓으라고 합니다. 친절한 분이 나를 인도할 때, 내가 그를 믿고, 한 걸음 한 걸음씩 옮기기만 하면 어느새 목적지에 도달합니다. 하나님이 우리를 인도하는 방식이 꼭 이와 같다고 생각합니다. 오늘 무엇을 해야 할지 말씀하시는 하나님께 믿음으로 순종하면서 하루를 살면, 하나님께서 목적지로 인도하실 것입니다. 단 몇 초 후에 일어날 일도 알지 못하는 우리가 하나님의 성에 들어가는 방법은 하루하루, 한순간, 또 한순간 하나님께서 인도하시는 대로 살아가는 것입니다.

그래요. 우린 주리거나 목마를 수 있습니다. 때로 뜨거운 삶에 몸이 상할 수도 있을 테지요. 남모를 눈물 훔치며 "하나님, 도와주세요!" 기도하면서도 마음 무너질 수 있습니다. 그러나 오늘 시편의 노래처럼 우리를 긍휼히 여기는 하나님께서 우리를 샘물로 인도하시고 대로를 만들어 주실 줄 믿습니다. 그런 믿음으로 보이지 않는 앞날에 대한 두려움을 떨쳐내고 그저 우리에게 주어진 한 시간 한 시간을, 한 걸음 한 걸음을 살아내며 내디딜 수 있는 우리가 되면 참 좋겠습니다.

속상한 오늘을 살 수밖에 없는 우리이지만 하나님께서 반드시 잘해주실 줄 믿습니다. 반드시 도우시고 지키실 하나님이 계시니, 오늘 화창하시길 빕니다. 사랑합니다. 우와~

백 번의 위로 사랑합니다

세 번째
위로

북반구인 우리나라에서 예수님의 탄생 기사를 묵상하는 계절은 꽤 나 춥고, 낮도 짧습니다. 겨울이니 모든 세상이 다 움츠러든 것만 같 습니다. 하지만 성탄의 말씀들은 자존감도 자신감도 잃어버린 듯 웅 크린 우리를 따뜻한 온기로 품어줍니다.

> 그 지역에 목자들이 밤에 밖에서 자기 양 떼를 지키더니, 주의 사자 가 곁에 서고 주의 영광이 그들을 두루 비추매, 크게 무서워하는지 라. 천사가 이르되, 무서워하지 말라. 보라, 내가 온 백성에게 미칠 큰 기쁨의 좋은 소식을 너희에게 전하노라. 오늘 다윗의 동네에 너 희를 위하여 구주가 나셨으니 곧 그리스도 주시니라(눅2:8-11).

천사가 목자들에게 온 백성에게 미칠 큰 기쁨의 좋은 소식을 전했 다는 것은 이상한 일입니다. 그토록 중요한 소식을 들을 정도로 중요 한 인물들이었다면, 이후 예수님의 공생애 사역에 직간접적으로 등 장해야 하지만, 목자들은 이후에 성경에 거론되지 않기에, '도대체 왜 그들에게?' 라는 질문이 생깁니다.

　물론 천사가 이들에게만 소식을 전했다고 생각할 수 없습니다. 많은 이들에게 전했으나 반응한 것이 이들이기에 성경이 기록하고 있을 수도 있습니다. 그러나 곰곰이 생각해 보면, 뒤처진 사람, 나중 된 사람, 그래서 조명되지 못한 사람을 사용하여 하나님의 나라를 이루고자 하셨던 하나님의 의도가 아닐까요? 왜 메시아가 베들레헴 마구간에서 태어나고, 양치는 목자들에게, 또 먼 동방에서 온 박사들에 의해 경배를 받으셨는지 그 이유를 어렴풋이 알 것 같습니다.

　바람이
　숲 속에 버려진 빈 병을 보았습니다

　"쓸쓸할 거야"

　바람은 함께 놀아 주려고
　빈 병 속으로 들어갔습니다

　병은
　기분이 좋았습니다

　"보오 보오"

백 번의 위로 사랑합니다

맑은 소리로

휘파람을 불었습니다⁺

　말씀을 묵상하며 문삼석 시인의 동시가 생각이 났습니다. '나는 아무것도 아닌데…', '어쩌면 빈 병처럼 가치를 잃어버린, 그래서 버려질 수밖에 없는 존재인데…' 그런 내 속에 들어오신 하나님께서 **"보오 보오"** 휘파람 소리를 내시며 절망을 바라보지 말고 나를 바라보라 말씀하고 계신다는 생각에 마음이 뭉클해졌습니다.

　연약하고 가진 것이 많지 않으며, 때로 불안해하며 넘어지기 쉬운 나 같은 사람조차, 좋은 소식을 들을 자격이 있으며 또 그 소식을 전달할 사명을 가질 수 있다고 주님이 말씀하시는 것 같아 눈물이 납니다. "주님, 세상에 오셔서 고맙습니다. 나와 같은 인생을 사랑해 주셔서 감사합니다." 고백해 봅니다. 사랑합니다.

◆　문삼석, 「바람과 빈 병」, 『바람과 빈 병』 (아동문예사, 2010)

네 번째
위로

기댈 곳이 너무 많거나 혹은 지나치게 절망스러우면 주님을 의지하는 믿음을 유지하기가 힘들어지는 것 같습니다. 그러니 하나님을 의지하는 믿음을 유지하려면 적당한 어려움이 있어야 하나 봅니다. 때로 근심하는 시간도 있어야 하고 기댈 곳도 적당히 없어야 하나 봅니다.

'적당함'이란 단어가 새삼 마음에 사무칩니다. 지나치지도 모자라지도 않는 적당함, 그 수준에서 하나님을 찾고 구하는 것이 복이란 사실을 깨닫습니다.

우리 하나님은 감당하지 못할 시험 당함을 허락하지 않으신다니(고전10:13), 지금 우리가 경험하는 모든 어려움은 적당히 우리에게 주어진 복이겠지요? 하나님을 기억하라고, 하나님을 의지하는 믿음을 더하시려는 하나님의 의중이 담긴 것이라 믿어봅니다. 지금의 고난에 너무 지나치게 분노하거나 절망하지 말아야겠다는 생각도 합니다.

백 번의 위로 사랑합니다

의의 제사를 드리고 여호와를 의지할지어다. 여러 사람의 말이 우리에게 선을 보일 자 누구뇨 하오니, 여호와여 주의 얼굴을 들어 우리에게 비추소서. 주께서 내 마음에 두신 기쁨은 그들의 곡식과 새 포도주가 풍성할 때보다 더하니이다. 내가 평안히 눕고 자기도 하리니 나를 안전히 살게 하시는 이는 오직 여호와이시니이다(시4:5-8).

세상이 주는 기쁨이 아닌 주님이 허락하시는 기쁨으로 기뻐하며, 어려움 중에도 평안을 누릴 줄 아는 신앙인이 되면 좋겠습니다.

다산 정약용은 일흔한 번째 생일을 맞이한 병조판서 오대익 공公에게 청복淸福을 빌었습니다. 그리고 열복熱福과 구분하여 이렇게 말했습니다.

열복은 외직에 나가서는 대장군의 깃발을 세우고, 관인官印을 허리에 두르며, 노랫소리와 음악 소리를 벌여놓고 여자를 끼고 놀며, 내직으로 들어와서는 높은 수레를 타고 비단옷을 입고서, 대궐 문으로 들어가 묘당에 앉아 사방을 다스릴 계책을 듣는 것을 일러 열복이라 합니다. 청복은 깊은 산속에 살며, 거친 옷에 짚신을 신고 맑은 못가에서 발을 씻으며, 고송에 기대 휘파람을 불며, 세상이 잘 다스려지는지 어지러운지에 대해서 초월하는 것을 일러 청복이라고 합니다. 하늘이 몹시 아껴 잘 주려 들지 않는 청복을 누리시길 빕니다.

우스갯소리입니다만, 세 친구가 어려움에 빠진 천사를 도와주었
는데, 이에 대한 답례로 천사는 세 사람에게 소원을 한 가지씩 들어주
겠다고 했답니다. 첫 번째 친구가 천사에게 돈을 구했습니다. 그랬더
니 천사는 평생을 써도 부족하지 않은 재물을 주었습니다. 병약했던
두 번째 친구는 건강을 구했습니다. 그랬더니 어떤 질병에도 끄떡없
는 무병장수의 몸이 되도록 했습니다. 곰곰이 생각하던 마지막 친구
는 조용히 자신은 그저 모든 것에 자족하는 마음의 평화, 청복을 원한
다고 했습니다. 그랬더니 천사는 "나도 못 가진 것을 달라고 한다"고
무척 난감해했다고 합니다.

천사도 갖기 어려운 평안을 시편 말씀이 약속하고 있으니 얼마나
감사한지요. 눕고 자며 살아가는데 평안하고 안전한 오늘! 이것을 약
속하신 하나님을 찬양합니다. 그 하나님께서 당신과 함께하십니다.
그러니 힘내세요. 사랑합니다. 우와~

백 번의 위로 사랑합니다

다섯 번째
위로

하루 종일 조동례 시인의 시, 「그냥이라는 말」이 내내 마음에 떠올랐습니다.

그냥이라는 말

참 좋아요

별 변화 없이 그 모양 그대로라는 뜻

마음만으로 사랑했던 사람에게

전화를 걸어 난처할 때

그냥 했어요 라고 하면 다 포함하는 말

사람으로 치면

변명하지 않고 허풍 떨지 않아도

그냥 통하는 사람

그냥이라는 말 참 좋아요

그냥 살아요 그냥 좋아요

...✦

그냥 얘기하고, 그냥 좋아하고, 그냥 만나고... 어떤 의도나 목적이 있어서, 혹은 꼭 해야 하는 일이 있는 것이 아니라, 그냥 함께하고픈 그런 사람이 있으세요? 아프고 힘들 때, 오늘처럼 화가 날 때, 그냥 옆에 있어주고 그냥 함께 해주는 그런 동료나 친구가 있다면, '그건 축복이지!' 싶습니다.

욥의 세 친구, 엘리바스, 빌닷, 소발은 욥보다 나이도 학식도 더 많은 사람들이었습니다(욥15:8-10). 욥의 상황에 대한 냉철한 판단과 욥의 말에 대한 촌철살인의 비판은 분명 바른 판단과 옳은 말처럼 들립니다. 그러나 재난과 고통 속에 있는 욥의 마음을 아프게 했습니다. 그래서 욥은 자신을 불쌍히 여겨달라고 울부짖습니다.

나의 가까운 친구들이 나를 미워하며 내가 사랑하는 사람들이 돌이켜 나의 원수가 되었구나. 내 피부와 살이 뼈에 붙었고 남은 것은 겨우 잇몸뿐이로구나. 나의 친구야, 너희는 나를 불쌍히 여겨다오, 나를 불쌍히 여겨다오, 하나님의 손이 나를 치셨구나(욥19:19-21).

누군가를 위해 그냥 좋은 사람이 되면 좋겠습니다. 말과 행동, 판단의 중심에 그를 긍휼히 여기는 그냥 좋은 마음을 가질 수 있다면 참 좋겠습니다. 아무리 옳은 말도 누군가를 위로하거나 변화시킬 수 없

♦ 조동례, 「그냥이라는 말」, 『어처구니 사랑』 (애지, 2009) 중에서

다면, 그 말을 하고 있는 나 자신을 돌아보고 그냥 묵묵히 그와 함께 할 수 있는 인내와 용기가 가져야 합니다.

오늘, 하나님께서 허락하신 하루를 살며 어려움을 당하고 고통 중에 있는 친구나 동료, 이웃이 있다면 그냥 함께하고 그냥 돕는 우리가 되면 좋겠습니다. 물론 돈이나 시간, 처지가 허락하지 않을 수가 있습니다. 하지만 따뜻한 마음을 전해줄 수 있다면, 그것만으로도 충분합니다. 그를 격려하고 살릴 수 있습니다. 오늘, 마음에 생각나는 사람이 있다면 문자나 메시지를 보내보면 어떨까요? 혹 조금 더 힘을 내본다면 오랜만에 손 편지를 써보는 것은 어떨까요?

가족과 친구, 이웃을 만나며 내 생각에 옳은 이야기만 하는 것이 아니라, 상대방의 마음을 들여다보며 긍휼히 여길 줄 아는 넉넉한 우리가 되면 좋겠습니다. 어떤 정치적 의도나 욕심, 무엇인가를 이루고자 하는 마음으로 사람을 만나는 것이 아니라, 그냥 좋아서, 그냥 보고 싶어서, 그냥 애틋한 마음으로, 그냥 누군가를 대하고 만나면 좋겠습니다. 그냥 말입니다. 그냥...

여섯 번째
위로

시인 나태주는 자신의 시, 「멀리서 빈다」에서 이렇게 노래합니다.

어딘가 내가 모르는 곳에
보이지 않는 꽃처럼 웃고 있는
너 한 사람으로 하여 세상은
다시 한 번 눈부신 아침이 되고

어딘가 네가 모르는 곳에
보이지 않는 풀잎처럼 숨 쉬고 있는
나 한 사람으로 하여 세상은
다시 한 번 고요한 저녁이 온다
...✦

✦ 나태주, 「멀리서 빈다」, 『멀리서 빈다』 (시인생각, 2013) 중에서

백 번의 위로 사랑합니다

"난 아무것도 아니라고 생각하는데요?", "아니, 내가 뭐라고..." 물론 이렇게 말할 수밖에 없는 앞선 무수한 경험들이 있었을 겁니다. 그러니 스스로를 작고 보잘것없는 인생이라고 생각하게 된 것입니다. 그런데 시인은 나도 모르는 곳에서 웃고 있는 한 사람으로 인해 세상이 눈부신 아침을 맞이하고, 어느 누구도 알지 못하는 나 한 사람으로 인해 고요한 저녁을 맞이하게 된다고 말해줍니다. 시인의 격려가 참 고맙습니다.

다윗 역시 하나님께 감사를 드립니다. 하나님께서 지으신 세상과 자기 자신을 대비해 보면 그 간극이 얼마나 큰지... 그런데 그렇게 웅장하고 큰 세상을 하나님께서 자신을 위해 지으셨다며 기뻐합니다. 하나님의 큰 사랑에 감동합니다.

주의 손가락으로 만드신 주의 하늘과 주께서 베풀어 두신 달과 별들을 내가 보오니, 사람이 무엇이기에 주께서 그를 생각하시며, 인자가 무엇이기에 주께서 그를 돌보시나이까. 그를 하나님보다 조금 못하게 하시고 영화와 존귀로 관을 씌우셨나이다(시8:3-5).

우리처럼 연약하고 보잘것없는 존재가 또 있을까요? 그런데 시를 통해 다윗은 이런 나약한 우리에게 하나님께선 영화와 존귀의 관을 씌워주셨다고 증언합니다. 우리를 위해 하늘과 달과 별을 조성하셨고 하나님보다 조금 못하게 하셨다고 말합니다.

때로 전문가의 의견을 듣게 되면 내 생각이 얼마나 모자라고 편협한지 알게 됩니다. 꼭 그런 느낌입니다. 다윗이 깨달았던 것처럼, 스스로에 대해 내린 판단과 비난을 잠시 멈추면 좋겠습니다. 인간을 창조하신, 우리에 대해 전문가이신 하나님을 신뢰함으로 우리 스스로를 존귀하게 여기면 참 좋겠습니다.

뭐 상처가 있을 수도 있고, 조금 흠이 있거나 모자랄 수 있지요. 하지만 하나님께서 귀하다 하신 우리니까, 우리에 대해 감탄해 보면 좋겠습니다. 거울을 보며 스스로에게 한 번 외쳐 보세요. "우와~ 사랑합니다."

일곱 번째
위로

성경은 우리에게 수치심이나 죄책감, 마음에 가득한 자신에 대한 원망과 분노를 떨쳐버릴 수 있는 길을 제시합니다.

만일 우리가 우리 죄를 자백하면 그는 미쁘시고 의로우사, 우리 죄를 사하시며 우리를 모든 불의에서 깨끗하게 하실 것이요(요일1:9).

늘 넘어지고 쉽게 부서지는 연약한 존재이며, 흠이 많은 삶이지만, 그릇됨에서 돌이키기를 기다리시는, 또 돌이키기만 하면 우리를 깨끗하게 하실, 이렇게 좋은 하나님이 계셔서 참 좋습니다. 물론 우리가 느끼는 죄책감을 가볍게 여길 수는 없습니다. 깊은 뉘우침이나 일생 용서를 구하는 것은 내가 잘못한 사람들에 대한 최소한의 예의이기 때문입니다. 아니 엄밀히 말하자면 그것이 나 자신을 회복시키는 첩경이기 때문입니다.

하지만 뉘우침도 자칫 자신을 망가지게 하는 절망과 허무에 이를 수 있으며, 용서를 구하는 것도 짐짓 누군가에게 폭력적으로 나타날 수 있기에, 우리가 느끼는 죄책감이라는 정서를 하늘에 잇대는 것은 무척 중요합니다. 하나님께서 허락하시는 회복만이 자칫 빠질 수 있는 뉘우침과 용서의 함정에서 우리를 지킬 수 있기 때문입니다. 제대로 된 용서와 뉘우침을 가능하게 하기 때문입니다. 하나님께 잇댄 죄책감으로 일생 건강한 뉘우침과 용서를 구하는 삶을 살아야겠습니다. 알게 모르게 경험하는 나약함을 솔직하게 고백하며 하나님을 찾아야겠습니다. 스스로에 대한 분노로 자신도 주변도 무너뜨리지 말고 하나님의 긍휼히 여기심을 구해야겠습니다.

이렇게 살아가는 것을 저는 담백한 삶이라고 생각합니다. 충북대 국문과 교수이며 문학평론가인 정효구 선생은 '담백함'에 대해 이렇게 말합니다.

담백함은 얄팍함이 아닙니다. 장식, 허풍, 과열과 변덕을 넘어설 때, 담백함에 도달할 수 있습니다. 그래서 담백함에는 깊이가 스며 있습니다. 담백함은 따스한 온기를 품고 존재에 대한 공경의 마음을 갖는 것입니다.♦

그동안 함부로 대했던 모든 것에 공경의 마음으로 대해야겠습니

♦ 정효구, 『시 읽는 기쁨3』 (작가정신, 2006) 중에서

백 번의 위로 사랑합니다

다. 따스한 온기로 사람도 세상도 만나야겠습니다. 윤동주 시인처럼 하늘을 우러러 한 점 부끄럼 없는 삶을 소망하며 살아야겠습니다.

죽는 날까지 하늘을 우러러
한 점 부끄럼이 없기를,
잎새에 이는 바람에도
나는 괴로워했다.
별을 노래하는 마음으로
모든 죽어 가는 것을 사랑해야지.
그리고 나한테 주어진 길을
걸어가야겠다.

오늘 밤에도 별이 바람에 스치운다◆◆

◆◆ 윤동주, 「서시」, 『하늘과 바람과 별과 시』(책만드는집, 2012)

여덟 번째
위로

예루살렘의 멸망을 예언한 눈물의 선지자 예레미야는 멸망이라는 재앙의 이면에 담긴 하나님의 희망을 이렇게 전합니다.

여호와의 말씀이니라. 너희를 향한 나의 생각을 내가 아나니 평안이요, 재앙이 아니니라. 너희에게 미래와 희망을 주는 것이니라. 너희가 내게 부르짖으며 내게 와서 기도하면, 내가 너희들의 기도를 들을 것이요, 너희가 온 마음으로 나를 구하면, 나를 찾을 것이요, 나를 만나리라(렘29:11-13).

살다 보면 하나님의 뜻을 이해하기 어렵다는 생각을 합니다. 우리가 가진 생각과 지혜로는 도저히 가늠할 수 없다는 생각도 합니다. 아니, 우리를 아끼신다면서, 그렇게나 사랑하신다면서 슬픔과 재앙을 경험하게 하십니다. 그리고 아픔을 당한 사람들에게 평안하라고, 미래와 희망을 가지라고 말씀하십니다. 아니 대체 이게 뭡니까? 하나님께 따지고 싶습니다.

답이 보이지 않는 문제를 앞에 두면, 심한 허탈감이나 좌절, 병리적인 다양한 증상들이 나타납니다. 삶의 어려움에 해결의 기미가 보이지 않으면, 쉼과 평안이 사라지고 삶이 곧 형벌처럼 여겨집니다. 우리네 인생에 예레미야를 통해 주어진 하나님의 말씀을 이해할 사람이 몇이나 될까요? 저 역시 고통에 갈팡질팡 흔들리는 인생이니 하나님의 뜻을 알기엔 그저 요원하다 싶습니다.

단무지... 단순, 무식, 지랄의 준말이라지요? 교육전도사 시절, 폭우 중에 초등학교 하교 시간, 학교를 나오는 아이들에게 전도지를 돌릴 때, 지나가던 할머니의 욕을 잊을 수가 없습니다. "비 오는데 뭔 지랄이여?"

풀기엔 도대체 이해되지 않는 인생살이입니다. 하지만 예전 수학 시간에 배웠던 공식처럼, 깊은 이유와 원리는 모르지만, 공식에 문제를 대입해보는 단순함, 그리고 그러면 하나님이 잘해주실 거라는 무식함, 주변 사람들이 "뭔 지랄이야?" 욕을 해도 그냥 그렇게 살아보는 지속성... 고통 중에 맞이한 오늘에 분노할 수밖에 없지만 그렇게 단.무.지. 신앙으로 한번 살아보면 어떨까요?

고난의 이유는 알 수 없지만, 재앙이라 여겨지는 고난을 앞에 두고 있다면 하나님께 부르짖고 기도하고, 온 마음으로 하나님을 구해야겠습니다. 그러면 재앙을 평안이라고, 미래와 희망을 주는 것이라고 말씀하신 하나님의 뜻을 언젠가 알 수 있는 날이 올 것입니다. 하나님을 믿고, 하나님의 말씀인 성경을 믿기로 했으니, '까짓 단무지 한번 해 보지요, 뭐!'

사랑하는 당신께도 말씀드려 봅니다. 우리 하나님께 부르짖어 보아요. 구하고 또 구하고, 일이 어떻게 되든 또 구하고, 그렇게 절실하게 구해보면 좋겠습니다. 지금 당장엔 이해되지 않겠지만 언젠가는 알아지지 않을까요? 제가 참 좋아라 하는 이철환 작가의 「쌍둥이 눈사람」글을 읽어 드릴게요. 작가의 눈물 나는 어린 시절 이야기입니다. 글을 통해, "당장 이해되지 않는 하나님의 사랑을 알아채려면 한참의 세월이 필요한 것은 아닐까요?" 온기 가득 말하는 작가의 생각을 전달받으실 수 있으실 겁니다.

내가 아홉 살 때,
우리 엄마는 남의 집에서 식모살이를 했습니다.
엄마는 내가 사는 산동네에서 멀리 떨어진 2층 집에서 살았고,
한 달에 한 번 집에 왔습니다.
아버지가 하시던 고물상이 기울대로 기울어
먹고 사는 일이 어려워졌기 때문입니다.
엄마가 식모살이를 간 부잣집에는
몸이 불편한 할머니가 혼자 살고 있었습니다.
엄마는 할머니 곁에서 끼니를 챙겨 드리고

백 번의 위로 사랑합니다

병수발까지 해야 했습니다.

그해 겨울은 다복다복 눈이 많이 내렸습니다.

...

매일 밤 엄마가 너무 보고 싶었습니다.

엄마가 보고 싶은 날이면,

형과 함께 먼 길을 걸어 엄마가 일하는 2층 집으로 갔습니다.

차가운 겨울바람을 맞으며 걸어가는 길가에

크리스마스 캐럴이 흐르고 있었습니다.

엄마를 부를 수는 없었지만,

그곳에 가면 엄마 냄새가 나는 것 같아 좋았습니다.

겨울 햇살이 푸슬푸슬 둥지를 튼 담벼락에 기대앉아,

형과 나는 아무 말 없이 해바라기를 하다가

집으로 돌아오곤 했습니다.

어느 추운 날이었습니다.

엄마가 살고 있는 집 대문 앞을 서성이는데

엄마 얼굴이 보였습니다.

엄마는 2층에서 빨래를 널고 있었습니다.

내가 엄마를 부르려 하자, 형이 내 입을 틀어막고

나지막이 속살거렸습니다.

"엄마 부르지 마. 엄마한테 혼난단 말이야."

하지만 나는 끝내 엄마를 소리쳐 불렀습니다.

내 목소리를 듣고 엄마는 급히 내려왔습니다.

보름이 넘도록 엄마 얼굴을 보지 못한 나는

울면서 엄마 품에 안겼습니다.

엄마의 따뜻한 품속에서 나는 한참을 울었습니다.

그때, 내 나이 겨우 아홉 살이었으니까요...

엄마는 말없이 내 등을 쓸어 주었습니다.

엄마는 우리 형제를 대문 앞에 세워 두고

잠시 집 안으로 들어갔습니다.

엄마는 주황색 라면 봉지 하나를 들고 나왔습니다.

라면 봉지 안에는, 엄마가 주인 할머니 몰래 가져온

갈비 세 대가 들어 있었습니다.

"집에 가서 누나하고 하나씩 나눠 먹어. 엄마하고 약속해.

다시는 여기 오지 않겠다고."

마음 밭 깊은 곳에 할 말을 묻어 두고 형과 나는

고개만 끄덕였습니다.

언 뺨 위로 흘러내리는 내 눈물을

엄마는 따뜻한 손으로 닦아 주었습니다.

짚단같이 서 있던 엄마가 콩알만큼 작아질 때까지

나는 뒤돌아보고 또 돌아보았습니다.

집으로 돌아오는 산동네 고갯길에서

허기진 형과 나는 라면 봉지에 들어 있는

갈비를 한 대씩 꺼내 먹었습니다.

손에 묻어 있는 양념까지 모두 빨아먹고,

그것도 모자라 갈비 냄새가 배어 있는 손끝을

몇 번이고 코끝에 갖다 댔습니다.

집으로 돌아와 갈비 한 대가 들어 있는

라면 봉지를 누나에게 주었습니다.

"누나 이거 먹어. 엄마가 준 건데 진짜로 맛있어."

"철환이, 너 먹어."

누나는 갈비를 먹지 않고 막내인 나에게 주었습니다.

누나도 겨우 열두 살 초등학생이었는데...

방문 밖, 의자에 앉아 누나가 준 갈비를 먹고 있는데,

열린 방문 틈 사이로

봄맞이꽃처럼 창백한 누나 얼굴이 보였습니다.

라면 봉지에 묻어 있던 갈비 양념을

누나는 조그만 손으로 찍어 먹고 있었습니다.

마음이 아팠습니다.

...

그날 이후로도 엄마가 보고 싶으면,

형과 함께 엄마가 사는 집으로 갔습니다.

...

하지만 그때는 정말 몰랐습니다.

어린 자식들 잠든 얼굴이라도 보고 싶어서

엄마가 매일 밤 산동네 집에 다녀갔다는 것을...

달빛 내린 창가에 서서

어린 자식들의 얼굴을 엄마가 눈물로 바라보았다는 것을

나는... 나는 20년이 지난 뒤에야 알게 되었습니다.

엄마가 일하던 2층 집 담벼락에 몽당 크레파스로

꾹꾹 눌러 써 놓은 '엄마'는

아직도 내 가슴에 지워지지 않고 남아 있는데...*

✦ 이철환, 「쌍둥이 눈사람」, 『곰보빵』 (꽃삽, 2006) 중에서

백 번의 위로 사랑합니다

아홉 번째
위로

시편 37편 1-3-절은 이렇게 말합니다.

악을 행하는 자들 때문에 불평하지 말며, 불의를 행하는 자들을 시기하지 말지어다. 그들은 풀과 같이 속히 베임을 당할 것이며, 푸른 채소 같이 쇠잔할 것임이로다. 여호와를 의뢰하고 선을 행하라. 땅에 머무는 동안 그의 성실을 먹을거리로 삼을지어다.

하지만 솔직히 세상을 살며 경험하게 되는 것은 악한 사람들이 꽤나 잘나간다는 것입니다. 그리고 불의를 저지르며 낯빛 하나 붉어지지 않는 사람들이 높은 자리에서 떵떵거리는 것을 본다는 사실입니다. 성경은 그들이 풀과 같이 속히 정리되고 쇠잔해질 것이라고 하지만, 억겁의 세월을 초월하시는 하나님께는 그렇게 여겨지실지라도, 잠시 세상에 사는 우리는 우리의 인생이 저물도록 그런 권선징악을 보지 못할 때도 있으니, 그게 속상하다는 것입니다.

가끔 하나님께 기도합니다. "하나님, 이왕 허락하실 거, 좀 빨리 이루어 주시면 안 되나요? 속이 시커멓게 다 탔어요." 짜증 내듯 기도합니다. 저는 이렇게 못났습니다.

그런데 문득 한 가지 생각에 사로잡혔습니다. '그래도 이런 약속의 말씀을 주신 게 어디냐?' 그래서 '여호와는 나의 목자시니 내게 부족함이 없으리로다(시23:1).'를 반복해서 되뇌어 봅니다. 사망의 음침한 골짜기를 지날 때, 인생의 괴로운 시간을 보낼 때, 생각하지 못했던 어려움과 헛헛함에 몸서리칠 때, 하나님은 여전히 나의 목자이며, 나를 부족함이 없도록 이끄실 그런 하나님이심을 다시 한 번 믿어보자 싶었습니다. 다시 한 번 우리 하나님을 사랑해 보자 싶었습니다. 김용택 시인도 "사랑이 날개를 다는 것만은 아니더군요"라고 자신의 시「노을」에서 말합니다. 지는 해, 마지막 몸부림일까? 붉은빛으로 하늘을 물들이는 순간을 바라보며 시인은 이렇게 고백합니다.

사랑이 날개를 다는 것만은 아니더군요
사랑은,
사랑은
때로 무거운 바윗덩이를 짊어지는 것이더이다♦

♦ 김용택, 「노을」, 『참 좋은 당신』 (시와 시학사, 2007) 중에서

백 번의 위로 사랑합니다

하나님을 사랑하기로 했다면, 비록 현재와 다른, 너무 먼 미래처럼 여겨지지만, 풍성한 화평으로 즐거워할 날을 앞당겨 살며(시37:11), 잠잠히 하나님만 바라는 사람이 되기를(시62:1), 그럼에도 하나님을 신뢰하는 그런 사람이 되면 좋겠습니다. "하나님 살아계시니!" 이 고백에 왜 눈물이 나는지 모르지만, "하나님, 현재와 상관없이 살아볼게요. 마음속 응어리처럼 불만은 여전하지만, 말씀 따라 그냥 살아볼게요. 너무 오랫동안 버려두진 마세요, 하나님." 기도합니다.

하나님, 사랑합니다.

열 번째
위로

삶이 지쳐 어려울 때, 속이 상해 어쩔 줄 모를 때, 저는 로마서 말씀을 생각합니다.

이와 같이 성령도 우리의 연약함을 도우시나니 우리는 마땅히 기도할 바를 알지 못하나 오직 성령이 말할 수 없는 탄식으로 우리를 위하여 친히 간구하시느니라. 마음을 살피시는 이가 성령의 생각을 아시나니 이는 성령이 하나님의 뜻대로 성도를 위하여 간구하심이니라. 우리가 알거니와 하나님을 사랑하는 자 곧 그의 뜻대로 부르심을 입은 자들에게는 모든 것이 합력하여 선을 이루느니라(롬 8:26-28).

하나님께서는 우리를 버려두지 않으실 것입니다. 모든 것을 합력해서 선으로 이끄시는 하나님이시니 반드시 우리를 도우실 겁니다. 때로 우리가 어떤 길에 서 있는지 모를 때, 어디를 향해야 하는지 혼란스러울 때, 지금 걷고 있는 이 길이 바른 길인지에 대한 확신이 부

백 번의 위로 사랑합니다

족할 때, 우리 하나님께서 우리를 바르게 인도하실 줄 믿습니다. 말할 수 없는 탄식으로 우리를 위해 간구하시는 성령 하나님께서 우리를 지키실 줄 믿습니다.

"사람들은 한 해를 하루처럼 살지만, 나무는 하루를 한 해처럼 삽니다. 사람들은 나무에 기대어 자주 울지만, 나무는 사람에게 기대어 울지 않습니다. 사람들은 나무를 베어 버리지만, 나무는 사람들을 아름답게 합니다." 시인 정호승이 그의 시 「나무」에서 말한 '나무'의 삶입니다. 아낌없이 주는 나무처럼 우리를 위해 모든 것을 희생하신 하나님이시니 반드시 우리를 잘해주실 겁니다. 그러니 지친 무릎이지만 일으켜 세워 다시 한 번 살아요. 또 한 번 더 사랑하고, 또 한 번 더 견뎌보면 좋겠습니다. 물론 너무 견디면 안 되는데... 걱정 마세요. 지나치게 견딜 정도로 하나님께서 우리를 버려두시진 않으실 겁니다.

따뜻한 차 한 잔, 손에 들고 하늘을 바라보아요. 나무처럼 든든한 하나님이 우리를 지켜주실 겁니다. "**사랑한다.**" 말씀해 주실 겁니다.

열한 번째
위로

🕯

좋아하는 말씀이 있습니다. 시편 19편 7-10절 말씀입니다.

여호와의 율법은 완전하여 영혼을 소성시키며, 여호와의 증거는 확실하여 우둔한 자를 지혜롭게 하며, 여호와의 교훈은 정직하여 마음을 기쁘게 하고, 여호와의 계명은 순결하여 눈을 밝게 하시도다. 여호와를 경외하는 도는 정결하여 영원까지 이르고 여호와의 법도 진실하여 다 의로우니 금 곧 많은 순금보다 더 사모할 것이며 꿀과 송이 꿀보다 더 달도다.

율법, 증거, 교훈, 계명, 도, 법... 여러 가지 표현이 있지만, 한마디로 말한다면 '말씀'입니다. 말씀이 가진 힘을 시편 기자는 영혼의 소성, 지혜, 기쁨 그리고 눈이 밝아지는 것이라고 말합니다. 이렇게 말씀이 가진 힘이 크니 순금보다 더 사모하라고 말합니다.

때로 원치 않는 길을 가며 속상할 때, 억울한 마음을 가눌 수 없을 때, 모든 노력이 수포로 돌아간 듯 마음이 무너질 때, 모든 것을 다시 시작해야 할 때, 깊은 무의미와 허무에 갇혀 실의에 빠져 있을 때, 그럴 때는 눈을 들어 하늘을 바라보면 좋겠습니다. 그리고 말씀을 '집어 들고 읽어 보면Tolle Lege' 좋겠습니다. 말씀이 전해주는 희망을 회복하면 참 좋겠습니다.

희망은 삶에 깊이를 더하는 일입니다. 삶의 깊이를 더하려면 한결같음과 의미를 찾아야 할 텐데, 아무리 생각해도 말씀 이외에는 생각이 나지 않습니다. 흘러가는 시간에 사람도, 자연도, 학문도, 세상도, 모두 변하지만, 하나님만은, 또 하나님의 말씀만은 영원토록 변하지 않기 때문입니다(말3:6).

말씀을 읽으며 희망을 더하는 하루가 되면 어떨까요? 내가 가진 생각에 함몰되어 모든 것이 끝이라고, 더 이상은 안 되는 것이라고 단정 짓기 전에 하나님의 마음에 다가서 보는 것도 나쁘지 않을 것 같다는 생각을 해 봅니다. 그러면 하나님께서 홀로 버려진 나를 그냥 두시진 않을 겁니다. 그가 반드시 우리를 위로하실 거니까요.

가끔 내가 모든 것을 다 아는 것처럼 생각할 때가 있습니다. 그것을 교만이라고 합니다. 솔직히 우리가 세상사 모든 것을 알 수는 없잖아요. 그러니 지금 절망하고 분노하는 것도 일종의 교만은 아닐까요? 어떻게 될지 모르잖아요. 한 치 앞을 분간하지 못하는 우리가 이젠 끝이라고 말하는 것은 하나님께서 펼쳐내실 미래에 대하여 너무 쉽게 부정하는 것이니, 또 삶이 가진 신비를 무시하는 것이니, 그것은 곧 교만이 아닐까요?

나에 대하여도, 내가 만나는 사람에 대하여도 너무 쉽게 진단하듯 단언하지 말아야겠습니다. 그냥 말씀에 나를 맡기고 말씀이 이끄는 대로 살아보면 어떨까요? 하나님이 알아서 해 주시지 않을까요? 그러니 오늘도 말씀을 묵상하며 하나님을 붙잡아야겠습니다.

사랑합니다. 그리고 다시 한 번 힘을 내시면 좋겠습니다. 하나님께서 우리를 최고의 걸작으로 만드셨으니... 걸작인지 여전한 의구심은 있지만... 말씀이 그렇다고 하니, 스스로 걸작이라는 자존감으로 당당한 오늘이기를 소망합니다. 사랑합니다. 우와~

열두 번째
위로

억울함에 마음이 아프면 되뇌는 시편이 있습니다.

너는 나를 밀쳐 넘어뜨리려 하였으나, 여호와께서는 나를 도우셨
도다. 여호와는 나의 능력과 찬송이시오, 또 나의 구원이 되셨도다.
의인들의 장막에는 기쁜 소리, 구원의 소리가 있음이여. 여호와의
오른손이 권능을 베푸시며 여호와의 오른손이 높이 들렸으며 여호
와의 오른손이 권능을 베푸시는도다(시118:13-16).

말씀을 읽으며 천상병 시인의 시, 「나무」가 생각이 났습니다. 사람
들은 이미 나무가 썩었다고 말하지만 "그 나무는 썩은 나무가 아닙니
다"라며 끝끝내 희망을 외쳤던 시인의 시에서 하나님의 음성을 듣습
니다. 세상은 우리에 대해 쓸모없는 존재라고, 죽은 개 같은 인생이라
며(삼하9:8), 우리를 포기할 수 있습니다. 하지만 그때에도 우리 살아
요. 그것도 꿋꿋하게 살아요. 우리를 지으신 하나님이 우리를 포기하
시거나 쓸모없는 인생이라 말하지 않으셨잖아요.

젖은 눈이지만 하늘을 바라보고 한숨 가득한 입술이지만 말씀도 읽고 기도도 하면 좋겠습니다. 그것도 힘이 든 오늘이라면 나만의 플레이리스트playlist에 담긴 찬양이라도 들어 보면 어떨까요? 다시 한 번 우리 힘내요. 어느 누구도 알지 못할 가슴 답답함을 하나님께서 만져 주실 겁니다. 그리고 말씀해 주실 겁니다. "이 사람, 죽은 사람이 아닙니다. 이 사람, 내가 사랑하는 사람입니다. 당신이 뭔데 내가 거룩하다 한 사람을 함부로 대하십니까?"

하나님의 오른손이 우리를 붙드실 줄 믿습니다. 하나님으로 인해 활기찬 하루가 되시길 빕니다. 사랑합니다. 우와~

백 번의 위로 사랑합니다

열세 번째
위로

오늘을 사는 우리에게 예수님은 마가복음 9장 50절에서 이렇게 부탁하십니다.

소금은 좋은 것이로되, 만일 소금이 그 맛을 잃으면 무엇으로 이를 짜게 하리요, 너희 속에 소금을 두고 서로 화목하라 하시니라.

이 말씀은 발이든 눈이든 비록 신체의 중요한 부분이라도 몸 전체를 망하게 한다면 제거하는 것이 더 낫다는 말씀 다음에 위치해 있습니다. 즉 아무리 소중해도 본래의 목적과 가치를 상실한 것은 과감하게 없애야 한다는 결단을 종용한 것입니다.

그렇다면 사람이 지녀야 할 본래의 목적과 가치는 무엇일까요? 말씀은 서로 화목하게 지내는 것이라고 말합니다. 서로에 대해 분노와 원망을 쏟아내 다툼과 분열을 불러오는 것이 아니라, 배려와 따뜻함 그리고 용서를 통한 화해를 사람의 본질이라고 본 것입니다.

내 안에 소금을 두고 늘 기억해야겠습니다. 사람이 화목이란 맛을 잃어버리면 아무짝에도 쓸모없는 존재이니, 화목을 이루는 맛깔나는 삶을 살기 위해 애써야겠습니다. 마치 은장도를 가슴에 품듯, 이것을 꼭 기억해야겠습니다. "은장도!" 신학대학원을 졸업하는 제자들에게 제가 꼭 당부하는 말이기도 합니다.

사랑하는 여러분이 꼭 한 가지 기억할 것이 있습니다. 우리 학교 신학교육 과정은 현장에 써먹는 제품을 만드는 과정이 아닙니다. 좋은 사람, 신실한 그리스도의 일꾼을 양성하는 과정입니다. 졸업 후 목회 현장에서 일하면, 신학교에서 배운 것이 쓸모없거나 필요 없다는 생각이 들기도 할 것입니다. 심지어 "학교에서 대체 뭘 배웠냐?"는 핀잔도 듣게 될 겁니다. 그때, 우리 학교에서 배운 것들을 소용없다 여기지 말고 은장도처럼 가슴에 품으면 좋겠습니다. 은장도는 남을 해치는 도구가 아니라 자신을 지키는 도구입니다. 학교에서 배운 것을 가슴 속 깊은 곳에 품어 자신을 지키는 여러분이 되시면 좋겠습니다.

저는 사랑하는 당신이 오늘 말씀을 은장도처럼 기억하시며 마음에 품으시면 참 좋겠습니다. 치를 떨게 하는 분노로 누군가에게 복수하고 싶을 때, 그를 가만두지 않겠다고 다짐하게 될 때, 마음속 깊은 상처를 준 그 사람을 용서할 수 없다고 느낄 때... 그때, 바로 그때, 우리 안에 소금을 두고 서로 화목할 수 있기를 소망합니다.

전쟁은 하나님께 속한 것이니(삼상17:47), 다툼과 싸움은 하나님께 맡기고 우리는 그냥 화목을 사는 사람이 되기를 기도합니다(벧전3:8-11). 그 사람도, 그 사람이 사는 세상도 불쌍히 여길 수 있기를 바랍니다. 정에 고프고 사랑에 고픈 세상이라며 탄식한 임인규 시인처럼 우리도 고픈 세상, 화목으로 먹이고픈 애달픈 마음으로 살면 좋겠습니다.

베잠방이 수수장떡
만족하며 살았던 세월
서로에게 고마웠던 이웃
네 것 내 것이 없어
대문 걸 일 없었다.
…

겉으로만 번지르르한 사회
살찌고 몸체는 좋아졌지만
텅텅 빈 마음 텅텅 빈 머리
고프다.
정에 고프고
사랑에 고프다.◆

◆ 임인규, 「고프다」, 〈우보 임인규의 창작글방 블로그, 2006〉 중에서

진리와 본질을 지켜가는 우리, 사랑을 외치는 우리... 생각이 여기에 이르니 꽤나 괜찮은 우리라는 생각이 듭니다. 하나님께서 우리 모두를 잘해주실 겁니다. 모두 사랑합니다. 우와~

열네 번째
위로

    초등학교 국어책에도 여러 편이 실린 시인 박인술 선생의 동시들은 답답한 삶의 현실에서 그럼에도 재치 있게 살아낼 수 있는 지혜를 가르쳐 줍니다. 시인의 동시 가운데 「하늘」은 어려울 때 우리가 어느 곳을 바라봐야 하는지를 가르쳐 줍니다.

> 셋방살이 방 하나
> 우리 집 식구들은
> 하늘을 보고 삽니다♦

    황량한 사막과 같은 세상살이, 그 길을 걷다 보면 깊은 영적 갈증을 느낄 때가 많습니다. '나는 무엇을 위해 사는가?', '내가 서 있는 이 길은 옳은 길일까?' 그렇게 고민은 하면서도, 인생 노역에 시달리게 되면 당장의 욕심에 현혹이 됩니다. '나만 잘 살면 되지 뭐!', '옳은 길

♦ 박인술, 「하늘」, 『날이 갈수록』 (북랜드, 2004) 중에서

이든 그른 길이든, 나만 등 따습고 배부르면 그만이지.' 자기 합리화의 함정에 빠져 영적 침체에 허우적댑니다.

사랑하는 당신은 그때 하늘을 바라보면 좋겠습니다. "그래도 우리하나님이 살아계시니" 하며 시편 63편 1-4절의 말씀을 떠올리시면 좋겠습니다.

하나님이여, 주는 나의 하나님이시라. 내가 간절히 주를 찾되 물이 없어 마르고 황폐한 땅에서 내 영혼이 주를 갈망하며 내 육체가 주를 앙모하나이다. 내가 주의 권능과 영광을 보기 위하여 이와 같이 성소에서 주를 바라보았나이다. 주의 인자하심이 생명보다 나으므로 내 입술이 주를 찬양할 것이라. 이러므로 나의 평생에 주를 송축하며 주의 이름으로 말미암아 나의 손을 들리이다.

말씀은 마치 마상(마음의 상처)으로 이리저리 떠돌다 들어간 교회 예배당과 같습니다. 예배당 한 귀퉁이에 앉아 십자가를 바라보며 주님을 구했을 때 이유를 알 수 없는 평안과 위로를 경험했던 것처럼 이 말씀이 꼭 그렇습니다.

주님께 기도합니다. "하나님, 한참을 뛰어가도 제자리인 인생입니다. 너는 뭐 하고 사냐는 질문에 할 말이 없어 고개를 떨구는 사람입니다. 그냥 그날그날 버티는 하루살이 인생입니다. 저를 불쌍히 여겨

백 번의 위로 사랑합니다

주세요." 눈을 들어 하늘을 바랍니다. 하나님께서 도와주시기를 기도 합니다. "하나님, 도와주세요. 살려주세요."

열다섯 번째
위로

이제 보소서. 여호와께서 이 말씀을 모세에게 이르신 때로부터 이스라엘이 광야에서 방황한 이 사십오 년 동안을 여호와께서 말씀하신 대로 나를 생존하게 하셨나이다. 오늘 내가 팔십오 세로되, 모세가 나를 보내던 날과 같이 오늘도 내가 여전히 강건하니, 내 힘이 그때나 지금이나 같아서 싸움에나 출입에 감당할 수 있으니, 그날에 여호와께서 말씀하신 이 산지를 지금 내게 주소서. 당신도 그날에 들으셨거니와 그곳에는 아낙 사람이 있고 그 성읍들은 크고 견고할지라도, 여호와께서 나와 함께하시면 내가 여호와께서 말씀하신 대로 그들을 쫓아내리이다 하니(수14:10-12).

여호수아에게 한 갈렙의 말입니다. 갈렙이란 사람, 정말 대단하지요? 그의 나이 85세인데 이렇게 말할 수 있다니 탄복합니다. 문득 '자기관리'라는 말을 떠올렸습니다. 가나안 정탐을 다녀온 뒤로 45년의 세월을 한결같음으로 모세와 여호수아 옆을 지키며 하나님을 좇았던 갈렙, 우리도 갈렙처럼 살면 참 좋겠다 생각해 봅니다.

우리 학교에서 2004년 9월부터 가르쳤으니 꽤 시간이 흘렀습니다. 은퇴하시는 선배 교수님들이나 목사님들을 뵈면 참 대단하시다는 생각을 합니다. 고생이야 왜 하지 않으셨겠습니까만 그래도 그 긴 세월 버텨내시고 건강하게 은퇴하시니, 또 큰 잘못 없이 살아오셨으니 하나님께서 정말 잘해주셨다고 생각합니다. 저도 그렇게 은퇴할 수 있기를 바라는 마음입니다.

"한 번에 한 사람씩 안을 수밖에 없는 작은 가슴을 주셨지만, 일생 사만 오천 명을 안을 수 있었습니다"라며, 하나님께 감사한 테레사 수녀처럼, 비록 적은 보폭의 작은 발걸음이라도 묵묵히 한 걸음 한 걸음 걷다 보면, 언젠가 "우와~ 내가 이만큼이나 걸었다니!" 하며 감사할 날을 만나지 않을까요?

그때까지 자기관리를 잘해야겠습니다. 그저 바라고 원하기로는 상담나라와 하나님나라 시민으로서 모든 사람을 기뻐하며 보듬을 줄 아는 따뜻한 마음, 그 마음을 잘 유지해야겠다 싶습니다.

솔직히 바쁜 인생 정신없이 살다 보면, 생각과 행동에 서슬 퍼런 날이 서게 됩니다. 그리고 사랑과 긍휼의 마음을 잃어버린 듯 정죄하고 판단하게 됩니다.

하지만 아무리 옳고 공의로운 판단이라 할지라도 그 안에 사랑을 잃는다면 무슨 소용이 있을까요? 모두를 살리는 온기를 잃지 않기를 바랍니다. 좌든 우든, 보수든 진보든, 베드로파든 바울파든, 그가 누구이건 간에 여전한 사랑과 그 사랑이 담긴 애틋한 눈물을 잃지 않으면 좋겠습니다. 눈물에는 누구든 살리는 생명력이 있으니까요.

소란과 침묵 사이에서, 성스러운 것과 속된 것 사이에서, 연역과 귀납 사이에서, 쓰는 것과 쓰이는 것 사이에서, 의도적인 것과 자연스러운 것 사이에서, 고급과 천박 사이에서, 전쟁과 평화 사이에서 … 머리끝과 발가락 사이에서, 당신과 나 사이에서, 나는 운다.*

◆ 안도현 시집, 『북항』 덧글 「사이」, 『영원한 귓속말』 (최승호 외, 문학동네, 2014) 중에서

백 번의 위로 사랑합니다

열여섯 번째
위로

시인 나태주는 그의 시, 「십일월」에서 그달을 이렇게 표현합니다. "돌아가기엔 이미 너무 많이 와버렸고, 버리기에는 차마 아까운 시간입니다." 어느덧 흘러버린 시간을 아쉬워한 시인은 그래도 남은 시간이라도 잘 지내기를 다짐하며 이렇게 말합니다. "낮이 조금 더 짧아졌습니다. 더욱 그대를 사랑해야 하겠습니다."

어릴 땐 지루할 때가 많았습니다. '뭐 할 일 없나?' 시선을 두리번거리며 재미난 일을 찾아보지만 심심하고 따분해 빨리 어른이 되면 좋겠다고 생각할 때가 많았습니다. 어른이 되면 돈도 벌고 할 일도 많을 거란 막연한 생각을 했기 때문입니다.

그런데 어느덧 시간이 지나 50대, 중년의 아저씨가 되고 보니 하루가 어찌 이리 빨리 지나가는지요. 어르신들이 나이와 속도를 연결 지어, "시간이 60대 땐 시속 60으로 가더니, 80대가 되니 시속 80으로 가네." 너털웃음을 지으며 서글프게 하시는 말씀이 조금 이해가 되니 저도 따라 서글퍼집니다.

이렇게 빠르게 흘러가는 시간, 때로 무섭게 지나가는 세월, 날마다 찬양으로 채울 수 있기를 기도해 봅니다. 찬양 부르듯 하루를 살고, 찬양을 짓듯 하루를 채워갈 수 있다면 참 좋겠습니다.

날마다 찬양이라면 응당 언제나 즐거운 일이 생기고 때마다 행복한 일이 가득하기 때문이겠지요? 그런데 성경은 우리가 흔히 하는 생각과 다른 말을 합니다.

여호와를 경외함이 지혜의 근본이라. 그의 계명을 지키는 자는 다 훌륭한 지각을 가진 자이니, 여호와를 찬양함이 영원히 계속되리로다(시111:10).

성경은 즐겁고 좋은 일이 많으니 찬양하는 것이 아니라고 말합니다. 오히려 훌륭한 지각을 가진 사람이 찬양하는 것이라고 말합니다. 또 훌륭한 지각을 가진 사람은 하나님의 계명을 지키는 사람이며, 하나님의 계명을 지키는 사람은 곧 하나님을 경외하는 사람이라고 말합니다.

순간, 그렇구나! 하는 깨달음이 머리를 스칩니다. 찬양과 노래를 계속할 수 있는 이유는 좋은 일이 많아서가 아니구나, 하나님을 경외해서구나, 그것을 깨닫기 때문이로구나 하는 사실을 알게 되었습니다.

주변 환경이나 세상에 마음을 송두리째 빼앗겨 버렸으니, 마음에 화를 품고 입술 가득 한숨을 담은 채 살고 있는데 어떻게 노래를 부르겠느냐고, 대체 어떻게 찬송하겠느냐고 현실을 원망했는데... 노래 좀 부를 수 있게 해줄 수는 없느냐고 하나님을 원망했었는데... 그게 아니로구나 하는 생각이 들었습니다. '하나님을 믿으니까, 하나님을 경외하니까, 그 깨달음을 가졌으니까 그래서 찬양하는 거로구나!' 생각이 여기에 이르자, 찬양은 믿음이며 하나님에 대한 사랑 표현이란 성경의 가르침을 알게 되었습니다.

하나님을 사랑하노라 말은 하면서도 찬양하지 못했던 자신을 뉘우칩니다. 하나님, 이제부터라도 좀 더 하나님을 사랑할게요. 잘 부르진 못하지만 열심히 찬양하는 사람이 되겠습니다. 사랑합니다, 하나님.

열일곱 번째
위로

성경 시편 126편 5-6절은 이렇게 약속합니다.

눈물을 흘리며 씨를 뿌리는 자는 기쁨으로 거두리로다. 울며 씨를 뿌리러 나가는 자는 반드시 기쁨으로 그 곡식 단을 가지고 돌아오리로다.

지금 우리가 흘리는 눈물에 대해 쓸모없는 것이 아니라고, 좋은 결과를 만나게 될 것이라고 약속하는 말씀이 저는 참 좋습니다.

눈물을 흘리며 운다는 것은 중의적 의미를 가진 정서 표현입니다. 애처롭고 슬플 때 울지만 기쁘고 행복해도 웁니다. 때로 힘들고 화가 나서 울기도 하고 불안하고 무서워서도 웁니다. 눈물은 이런 복잡한 마음의 표현이지만, 그 표현이 누군가에게 폭력적으로 나타나지 않고 자신의 감정을 정화하니 눈물은 이래저래 괜찮은 것 같습니다.

백 번의 위로 사랑합니다

살아가며 하고픈 말 정말 많지만, 가슴에 묻어 둘 때가 많습니다. 아무리 옳고 정의로운 말도 또 다른 오해와 비난을 불러오기도 하니, 하고픈 수많은 말들을 그냥 마음에 묻어 둡니다. 날 선 세상 틈바구니에서 그저 묵묵히 말을 아끼고 삼키며 산다는 것은 아무래도 눈물 나는 일입니다.

하지만 성경은 눈물로 씨를 뿌리는 사람들에게, 울며 밭으로 나아가는 사람들에게 약속합니다. 기뻐할 것이라고, 기쁨으로 곡식 단을 들고 돌아올 것이라고 말입니다. 이 약속을 의지한 채 눈물 나는 오늘, 그럼에도 씩씩하게 걸음을 내딛는 우리가 되면 참 좋겠습니다. 설명할 수도, 설명되지도 않는 인생이지만 절대로 혼자라고 생각하지 않으면 좋겠습니다.

'이 아무개'라고 불리길 원했던 이현주 목사님께 사람들이 당신의 인생을 설명해 보라 질문했다고 합니다. 그때 목사님은 이렇게 시를 썼습니다.

친구들이 나에게, 너의
인생을 설명하라고 합니다

나는 아무 할 말이 없어서
거기에 찻잔이 있으면
찻잔을 만지고

슬픈 별이라도 떠 있는 밤이면
별을 쳐다볼 수 있는
작은 행운에 나의 몸을 숨깁니다

친구들은 나에게
너의 인생을 설명하라고 합니다만
걸어가도 제자리요
가만있어도 이미 저만큼인걸
…

설명할 수 없는 나의 인생은
마침내 한 방울 눈물입니다⁺

　설명할 수 없는 인생이기에 마침내 한 방울 눈물이라 말하는 사람에게 하나님께서는 친구가 되어주실 줄 믿습니다. 홀로 버려두지 않으실 하나님께서 반드시 잘해주실 줄 믿습니다. 그러니 오늘 행여 눈물 나더라도 너무 많이 슬퍼하지 않으면 좋겠습니다. 기쁨의 단을 갖고 올 날을 하나님께서 반드시 허락하실 테니까요. 사랑합니다. 그리고 축복합니다.

◆ 이현주, 「설명할 수 없는 나의 인생은」, 『뿌리가 나무에게』 (종로서적, 1989) 중에서

백 번의 위로 사랑합니다

열여덟 번째
위로

무턱대고 내리누르듯 참는 것은 능사가 아닙니다. 마음에 담긴 격 앙된 감정이 있다면 잘 해소하고 지혜롭게 푸는 것이 정말 중요하답 니다. 그렇지 않으면 마음에 찬 응어리가 여러 가지 병리적인 증상들 을 경험하게 합니다. 지금 당장엔 괜찮아 보일지라도 말입니다.

시인 정호승은 자신의 시집, 『눈물이 나면 기차를 타라』에서 눈물 나는 날에 할 수 있는 '환기적 활동' 하나를 제안합니다. 한 번 여쭙겠 습니다. 눈물이 나면 뭐 하세요? 힘들면 어떻게 하세요? 이런 질문에 답할 수 있는 환기적 활동을 최소한 열 가지는 마련해야 합니다. 그래 야 짧은 시간에 말초신경을 자극하는 것을 탐닉하고 싶은 중독적 욕 구로부터 스스로를 지킬 수 있으니까요.

자신의 마음에 환풍기 한 대를 꼭 설치해야 합니다. 매캐하게 쌓 일 대로 쌓인 답답함을 해소해야 합니다. 나도 모르게 흘러가는 마음 이 어느 한 곳에 집중되어 우울해지고, 무서워지고, 때로 강박적인 생각에 사로잡히도록 내버려 둬서는 안 됩니다. 그럴 땐 '환기적 활동'을 꼭 떠올리셔야 합니다. 마음의 환풍기를 돌려야 합니다. 그것이 현재의 어려움과 마음의 상처를 잘 참고 견디는 방법입니다. 그냥 무턱대고 견디고 인내하는 것이 잘 참는 것이 아니라는 것입니다. 어찌 되었건 나의 현재와 상처 경험, 그리고 내가 가진 기질은 사라지는 것이 아니잖아요. 달고 살 것들입니다. 기억을 잃어버리지 않는 한, 아니 기억을 잃는다 하더라도 몸이 기억할 수도 있고 망각이라 불리는 무의식의 영역에도 기록되어 있을 겁니다. 그러니 그냥 깡으로 견딘다? 그것은 아니란 생각이 듭니다.

부정할 수 없는 사실은 생명이 있는 모든 것들은 결국 잘 참는 것에 사활이 달려있다는 것입니다. 잘못 참으면 여러 가지 질병을 얻거나 심지어 생명을 잃을 수도 있으니까요. 그러니 잘 참기 위한 여러 가지 방편을 생각하는 것은 지혜입니다.

성경 역시 신앙을 "잘" 참는 것이라고 말합니다.

그러므로 형제들아. 주께서 강림하시기까지 길이 참으라. 보라 농부가 땅에서 나는 귀한 열매를 바라고 길이 참아, 이른 비와 늦은 비를 기다리나니, 너희도 길이 참고 마음을 굳건하게 하라. 주의 강림이 가까우니라. 형제들아, 서로 원망하지 말라. 그리하여야 심판을 면하리라. 보라, 심판주가 문밖에 서 계시니라. 형제들아, 주의 이름으로 말한 선지자들을 고난과 오래 참음의 본으로 삼으라. 보

백 번의 위로 사랑합니다

라, 인내하는 자를 우리가 복되다 하나니, 너희가 욥의 인내를 들었고 주께서 주신 결말을 보았거니와 주는 가장 자비하시고 긍휼히 여기시는 이시니라(약5:7-11).

태생적 한계를 지닌 우리에게 인내는 정말 어려운 과제입니다. 참는 것에 이력이 나거나 근력이 붙으면 좋으련만 그게 사실 불가능합니다. 나약한 인간이기에, 흐르는 세월에 따라 몸도 점점 늙어가고 연약해지기에 점점 더 불안해지거나 안달할 수밖에 없기 때문입니다. 하지만 신앙의 선배들이 그러했던 것처럼 우리도 잘 참아야겠습니다. 하나님 앞에 이를 때까지 우리가 처한 순례의 길을 포기하지 않고 묵묵히 살아내면 신앙의 선배들이 경험한 결말을 우리도 경험하게 될 것이라고 성경이 약속하기 때문입니다.

그러니 그 날 그 순간에 이르기까지 우리 잘 견디면 좋겠습니다. 그러기 위해 우리는 무엇을 해야 할까요? 야고보서의 말씀은 농부가 귀한 열매를 바라듯 주의 강림을 바라라고 말합니다. 그리고 서로 원망하지 말라고 권면합니다. 하나님을 바라는 우리는 원망 대신 서로를 위로하며 잘 견뎌야겠습니다. 주님의 강림이 너무 멀리 있다고 원망하는 이가 있다면, 혹은 원망할 것이 너무 많아 하나님을 바라보지 못하는 이가 있다면 우리가 그를 위한 환풍기가 되어 주면 좋겠습니다. 그와 함께 환기적 활동을 할 수 있는 환기적 대상이 되는 거지요. 함께 울고 함께 웃으며 이것도 해 보고, 저것도 해 보는 것입니다. 나와 그를 모두 살릴 수 있는 좋은 아이디어를 생각해 보는 것입니다.

어쩌면 이 글을 읽는 당신에게도 원망이 있을 수 있습니다. 솔직히 원망 없는 사람이 어디에 있을까요? 모두 저마다의 아픔으로 힘든 인생이니까요. 하지만 그때 주변을 돌아보세요. 누군가 당신을 위해 기도하고 있답니다. 내가 발견하지 못한 것이지, 내 이야기를 들어주고 나와 함께 아픔을 나눠 줄 그런 한 사람을 하나님께서 예비해 두셨을 것입니다. 그러니 혼자 버려졌다고 생각하지 마세요. 힘들지만 살아도 괜찮은 세상이라고, 이리저리 욕받이 인생이지만 하나님이 잘해 주실 거라고 믿으며 한 번 더 살아내세요. 따뜻한 환기적 마음을 가진 성령 하나님께서 말할 수 없는 탄식으로 우리를 위해 간절하게 기도하고 계시잖아요(롬8:26). 하나님께서 조만간, 수년 내에 반드시 잘해 주실 겁니다(합3:2). 사랑합니다.

열아홉 번째
위로

잠언 29장 25-27절의 말씀을 읽어 드릴게요. 마음으로 들어 보세요.

사람을 두려워하면 올무에 걸리게 되거니와, 여호와를 의지하는 자는 안전하리라. 주권자에게 은혜를 구하는 자가 많으나 사람의 일의 작정은 여호와께로 말미암느니라. 불의한 자는 의인에게 미움을 받고, 바르게 행하는 자는 악인에게 미움을 받느니라.

말씀은 우리가 누구를 두려워하고 의지해야 하는지를 분명히 말합니다. 아무리 절대 권력을 가진 주권자라 할지라도 그 역시 사람일 텐데요. 그러니 사람을 두려워하기보다는 사람의 모든 일을 결정하시는 하나님을 두려워하며 의지하는 사람이 되라고 권면합니다.

세상 권세에 휘둘리지 않고 하나님만 의지하는 하루가 되면 좋겠다 싶습니다. 이웃과 함께 정말 세상을 잘 살고 싶은 마음의 처세지술處世之術이 아닌, 오로지 자신의 이익을 구하겠다며 이리저리 눈치만 보는 쩨쩨한 처세술의 달인이 되지 않기를 바랍니다.

그런데 오늘 잠언의 말씀을 가만히 읽어 보면 조금 의아합니다. 말씀의 마지막 부분을 읽어 보면 마치 우리가 "미움 받기 위해 태어난 사람"이라고 말하는 것처럼 쓰여있기 때문입니다. 불의한 자건, 바르게 행하는 자건 간에 어쨌든 미움을 받을 것이라고 말하고 있기 때문입니다. 어쩌면 미움 받는 것, 그것은 사람의 숙명은 아닐까요?

헨리 프랜시스 라이트Henry Francis Lyte 목사님은 1793년 영국 스코틀랜드에서 태어났습니다. 부모를 일찍 여의고, 고아원에서 성장했습니다. 뛰어난 재능을 가진 영재였지만, 가난했기에 고생을 많이 했습니다. 하지만 열심히 공부해 많은 사람을 살리는 의사가 되려고 애를 썼습니다. '하늘은 스스로 돕는 자를 돕는다'고 했지만, 안타깝게도 천식과 폐결핵으로 공부를 중단할 수밖에 없었습니다. 그러나 하나님의 도우심으로 기적적으로 회복한 그는 많은 영혼을 살리기 위해 목사가 되었습니다. 목사로서 대단하고 큰일을 하고자 했지만, 부르심에 따라 어촌 마을에서 소박한 목회를 시작했습니다. 그런데 억센 뱃사람들에게 온갖 미움을 받았습니다. 욕을 듣기 일쑤고 심지어 얻어맞을 때도 있었습니다. 그러다 시름시름 앓기 시작한 목사님은 그만 세상을 떠나고 말았습니다.

이렇게 허망한 죽음이 또 어디에 있을까요. '도대체 하나님은 뭘 하고 계셨던 걸까?' 그런 생각이 들기까지 합니다. 일생 미움 받는 삶

백 번의 위로 사랑합니다

을 살았고, 미움 받으며 세상을 떠난 목사님. 그런데 기적과 같은 일이 일어납니다. 목사님이 돌아가신 후, 유품을 정리하던 마을 사람들이 목사님의 일기를 발견하고 회개하며 주님께 돌아오는 일이 생긴 것입니다. 그 일기의 내용이 찬송가 341장 '십자가를 내가 지고'의 가사가 되었습니다.

> 십자가를 내가 지고 주를 따라갑니다
> 이제부터 예수로만 나의 보배 삼겠네
> 세상에서 부귀영화 모두 잃어버려도
> 주의 평안 내가 받고 영생 복을 받겠네

목사님만큼은 아니지만, 목사님의 발자취를 따라 살 수 있기를 기도합니다. 어차피 미움 받을 인생이라면 그래도 바르게 살다 미움을 받아야겠습니다. 그렇게 미움 받으며 세상을 살다 먼지처럼 사라질 테지만, 우리가 미움 받으며 행한 선한 영향력은 세상에 남아 누군가를 위한 양분이 될 겁니다. 그렇게 인생을 주관하시는 하나님을 신뢰합니다. 여전히 '왜 나를 이렇게 살게 하세요?' 의구심 가득한 우리일 수밖에 없지만, 그래도 "우와" 감탄하며, "사랑합니다" 하고 살다 보면 언젠가 좋은 날이 올 줄 믿습니다. 미움은 받았지만 꽤나 괜찮은 사람이라고 하나님이 말씀해 주실 겁니다. 그럼 그것으로 괜찮잖아요. 그렇지요? 그러니 너무 속상해하지 마세요. 무너지지 마세요. 사랑합니다.

스무 번째
위로

바울 사도가 고린도로 보내는 첫 번째 편지, 그 열 번째 장 31-33
절은 이렇게 말합니다.

그런즉 너희가 먹든지 마시든지 무엇을 하든지 다 하나님의 영광
을 위하여 하라. 유대인에게나 헬라인에게나 하나님의 교회에나
거치는 자가 되지 말고, 나와 같이 모든 일에 모든 사람을 기쁘게
하여 자신의 유익을 구하지 아니하고, 많은 사람의 유익을 구하여
그들로 구원을 받게 하라.

사도 바울은 "무엇을 하든지 다 하나님의 영광을 위하여 한다"는
것을 "많은 사람의 유익을 구하는 것"이며, 마침내 "구원을 얻게 하는
것"이라고 설명합니다. 한마디로 하자면, 십자가에 달리신 우리 주님
처럼 누군가를 위한 밥이 되라는 말입니다. 유대인에게나 헬라인에게
나 누구에게나 하나님의 교회를 위해 소화가 잘되는, 모든 사람에게
술술 넘어가는 그런 밥이 되라고 권면하는 것입니다.

"내가 니 시다바리가?" 유명한 영화대사가 생각이 납니다. 사실 나 하나 살기도 벅찬데 누군가를 위해 산다? 영 버겁게 여겨집니다. 게다가 그렇게 산다는 것은 "내가 니 시다바리다"라며 한 수 접고 들어가는 듯 자존심이 무척 상하는 일이기도 합니다.

시 한 편이 생각이 나는데요, 김진기 시인의 「고두밥 진밥」 중의 일부를 소개하고 싶습니다. 나이가 들어간다는 것이 무엇일까, 신앙이 깊어진다는 것이 무엇일까, 그것을 가르쳐 주는 좋은 시라는 생각을 하는데요, 한번 들어 보세요.

밥을 먹다가 문득
내가 진밥을 닮아 간다는 생각을 한다

어릴 적 어머니는 아버지의 입맛에 따라
진밥을 지었다
씹힐 때 고소하게 우러나오는 고두밥의 맛과는 달리
숟가락에 질척질척 매달리며
목구멍을 은근슬쩍 넘어가는 진밥이 나는 싫었다
…

거센 세월의 비바람이 나를 지나갈 때마다
내 고슬고슬한 고두밥은

꼿꼿한 관절을 풀기 시작하더니
요즘은 눅눅한 진밥으로 돌아앉았다✦

사실 초짜 신앙인일 땐 '하나님, 나 좀 잘되게 해 주세요' 하고 기도할 때가 많았습니다. 조금 더 보폭을 넓혀, '하나님, 우리 가족 모두 잘 살게 도와주세요' 기도했습니다. 그렇게 곤두선 고두밥알 이리 튀기고 저리 튀기며 '왜 내 기도를 들어 주시지 않느냐?'며 반항할 때도 많았습니다.

하지만 시간이 흐르며 신앙도 간증도 뿌리 깊은 나무가 되고 나니 하나님께서 꼿꼿한 마음에 좀 더 따스하고 풍성한 믿음과 마음을 더하시는 것 같습니다. 누구에게나 소화가 잘되는 진밥 신앙인이 되게 하시는 것 같습니다.

물론 나 하나 잘 견디는 것도 버거운 삶이지만, "내가 네 밥이다." 다짐하며 살면 좋겠습니다. 악다구니 쓰듯 말하지 말고요, 냉랭한 가슴에 뜨끈한 국물 들어가듯 푸근하게 말씀하시면 좋겠습니다. "내가 네 밥이다."

세상이 참 험해지는 것 같습니다. 그도 그럴 수밖에 없는 것이, 팬데믹이 만든 새로운 일상이 영 마음에 들지 않기 때문입니다. 뭐 지금

✦ 김진기, 「고두밥 진밥」, 『차우차우』 (문학의전당, 2012) 중에서

백 번의 위로 사랑합니다

까지 살며 지금의 어려움보다 더한 일도 경험할 때가 많았잖아요. 그러니 잘 적응하시리라. 잘 대처하시리라 믿습니다. 그래도, 그래도 마음에 드는 한 가지 서글픈 생각은 '또 적응하고 또 살아내야 하는 것이로구나'입니다. 어쩌면 이런 서글프고 우울한 감정은 쉬 사라지지 않을 겁니다. 그렇지만 또 힘내 보아요. 오늘 속상한 마음을 딛고 "그래도 사랑입니다. 정성 가득 고봉밥 한 사발 드세요."라며 따스한 온기를 나누는 우리가 되면 좋겠습니다. 사랑합니다. 우와~

◆

제 3 부

오늘을

불안해하는

당신을 위한 위로

첫 번째
위로

🕯

"우와!", "사랑합니다."

우리 하나님은 사랑이시니, 사랑을 외쳐 봅니다. 그리고 당당하고 씩씩하게 살아내시기를 부탁드려 봅니다. 물론 상황과 여건이야 쉽게 바뀌진 않을 겁니다. 하지만 그런 현실에 대한 해석을 좀 다르게 해보면 어떨까요?

좀 더 맑은 해석으로 살면 좋겠습니다. 낙천적이 되거나 긍정적이 되자는 말이 아닙니다. 진심으로 살면 좋겠다는 것입니다. 진심으로 산다는 것은 주어진 상황에 끌려다니는 것이 아닙니다. 현실을 어떻게든 좋게 보려는 긍정주의도 아닙니다. 담백하게 현실을 사는 것입니다. 힘들면 울기도 하고, 어려우면 속상해합니다. 즐거운 소식에 누구보다 기뻐할 줄 알고 소박한 행복에 감사할 줄도 압니다. 그러나 그모든 감정에 매몰되지 않습니다. 하나님을 기억하기 때문입니다. 하나님을 믿으며 오늘을 살아내는 것입니다. 슬픈 오늘도 살고, 즐거운 오늘도 살고, 불안한 오늘도 사는 것입니다.

일전에 한번 소개한 시인입니다. 지리산 자락에 사시는 '이 아무개' 이현주 목사님은 「너는 흙이니 흙으로 살아라」에서 이렇게 권면합니다.

너는 흙이니 흙으로 살아라
죽어서 흙 될 일 생각 말고
살아서 너는 흙으로 살아라

그리고 자칫 별것 아니라 여기는 흙의 탁월함을 표현합니다.

온갖 썩는 것 더러운 것
말없이 품 열고 받아들여
오래 견디는 참 사랑
모든 것 삭이는 세월에 묻었다가
온갖 좋은 것 살아 있는 것
여린 싹으로 토해내어
마침내 열매 맺히도록
다시 말없이 버려주는 흙으로

그래서 목사님은 한 번 더 우리에게 당부합니다.

흙으로 살아라 너는 흙이니
오오, 거룩한 흙으로 살아라♦

흙은 우리를 지탱해 줍니다. 딛고 서게 합니다. 또 생명을 품고 자라게 합니다. 우리를 먹입니다. 이 땅의 모든 생명을 먹입니다. 훗날 우리도 흙이 되겠지요. 그러니 미리 흙으로, 생명을 품고 먹이는 흙으로, 누군가를 살리기 위해 말없이 버텨내는 흙으로 살아가는 우리가 되면 참 좋겠습니다.

우리가 사람이 되어 누군가를 만나고, 또 누군가와 가족을 이루고, 친구와 동료, 어떤 인간관계를 이루어 가는 것은 누군가를 위해 흙으로 살라는 하나님의 뜻은 아닐까요? 그러려면 맑은 해석으로 진심으로 살아야 합니다. 담백하고 따뜻하게 말입니다. 우리 하나님도 그렇게 세상을 지으시고 우리를 사랑해 내셨기 때문입니다. 마음으로 시편의 말씀을 들어 보세요.

여호와는 긍휼이 많으시고 은혜로우시며 노하기를 더디 하시고 인자하심이 풍부하시도다. 자주 경책하지 아니하시며 노를 영원히 품지 아니하시리로다. 우리의 죄를 따라 우리를 처벌하지는 아니하시며 우리의 죄악을 따라 우리에게 그대로 갚지는 아니하셨으

♦ 이현주, 「너는 흙이니 흙으로 살아라」, 『뿌리가 나무에게』 (종로서적, 1989)

백 번의 위로 사랑합니다

니 이는 하늘이 땅에서 높음 같이 그를 경외하는 자에게 그의 인자하심이 크심이로다. 동이 서에서 먼 것 같이 우리의 죄과를 우리에게서 멀리 옮기셨으며 아버지가 자식을 긍휼히 여김 같이 여호와께서는 자기를 경외하는 자를 긍휼히 여기시나니 이는 그가 우리의 체질을 아시며 우리가 단지 먼지뿐임을 기억하심이로다(시 103:8-14).

말씀의 마지막 부분에 있는 "긍휼히 여기시나니"라는 문구에 눈길이 자꾸 갔습니다. 뜬금없이 눈물이 납니다. 참 못난 인생인데, 오늘을 버티느라 악다구니 쓰는 인생인데, 현실에 허우적대며 불안하기 일쑤인 사람인데, 그런 우리를 하나님께서 긍휼히 여기신다고 말씀이 가르쳐 줍니다. 이런 하나님이 계시니 진심으로 또 담백하게 살 수 있다는 생각을 합니다. 그래서 오늘을 불안해하는 당신과 이 말씀을 나누고 싶었습니다.

사랑합니다. 하나님은 저도 당신도 우리 모두를 긍휼히 여기십니다. 먼지뿐인 우리가 거룩한 흙으로 살기 원하시는 하나님께선 우리에 대한 분노를 영원히 품지 않으십니다. 그리고 죄에 따라 처벌하지 않는 긍휼이 많으신 하나님입니다. 그러니 비록 순례의 길과 같은 지난한 인생 여정일지라도, 우리 진심으로 살아요. 오늘을 진심을 다해 해석할 줄 아는 우리가 되면 좋겠습니다. 사랑합니다. 다시 한 번 소리 내 외쳐봅니다. "사랑합니다!"

두 번째
위로

성경 고린도후서 4장 7-10절은 이렇게 말합니다.

우리가 이 보배를 질그릇에 가졌으니, 이는 심히 큰 능력은 하나님께 있고 우리에게 있지 아니함을 알게 하려 함이라. 우리가 사방으로 욱여쌈을 당하여도 싸이지 아니하며, 답답한 일을 당하여도 낙심하지 아니하며, 박해를 받아도 버린 바 되지 아니하며, 거꾸러뜨림을 당하여도 망하지 아니하고, 우리가 항상 예수의 죽음을 몸에 짊어짐은 예수의 생명이 또한 우리 몸에 나타나게 하려 함이라.

오늘 말씀은 우리를 깨우칩니다. 먼저 아무리 스스로를 가꾸기 위해 시간과 공을 들인다 해도 우리는 그냥 질그릇이라는 사실을 알게 합니다. 그러나 비록 보잘것없는 질그릇인 우리이지만 보배를 담았기에 희망을 노래할 수 있음을 깨닫게 합니다.

언제 깨질지 모르는 질그릇, 그것이 우리라는 사실은 부정할 수 없는 팩트Fact이지요. 그래서 이런 나약한 우리를 잘 돌봐야 한다며, '사다리의 요한'이라 불렸던 요한 클리마쿠스John Climacus는 40년을 은둔 수사로 지내며 사다리 한 계단 한 계단을 올라가듯 조심스레 살았습니다. 천국에 이를 때까지 질그릇에 담은 보배를 잘 보전해야 한다는 일념으로 깊은 영성의 삶을 살고자 노력했던 것입니다.

우리는 질그릇입니다. 쉽게 금이 가고 깨지는 인생이니 우리 스스로를 잘 관리해야겠습니다. 하지만 동시에 우리가 질그릇이라는 것을 그냥 인정하는 것도 때론 필요합니다. 뼈를 때리는 사실이라 씁쓸하지만... 이것을 받아들여야 합니다. 자신은 질그릇이 아니라는 듯, 마치 은그릇이나 금그릇인 양 우쭐대며 스스로 높은 체해서는 안 될 것입니다. 언제든 주인의 필요에 따라 사용되기도 하고 버려질 수도 있는 존재란 사실을 받아들여, 훌륭하게 사용되다 멋있게 퇴장도 해야겠습니다. "보배 덕에 여태 잘 지내왔어요." 하고 잘 버려질 줄 아는 우리가 되어야겠습니다.

다만 한 가지, 우리가 담은 보배가 가치 있기에 우리의 모습이 어떠하든 하나님께서 우리를 높이 들어 희망의 노래를 부를 수 있도록 하신다는 사실, 이것 하나를 잊지 않으면 좋겠습니다. 그러니 '내가 너무 못났다'거나, '난 아무것도 할 수 없는 존재'라고 생각하지 않으면 좋겠습니다. 보배 덕에 우리까지 덩달아 귀하게 여겨질 테니까요.

우리의 모습에 울고 웃기보다 우리가 담은 보배로 희망을 사는 우리가 되면 참 좋겠습니다. 흙인 주제에 옷에 흙이 묻었다며 속상해하기보다, 흙으로 만들어진 우리 안에 담긴 보배를 점검하는 오늘이 되어야겠습니다. 스스로 "걸레"라 말하며 절망하기보다, "마루 걸레는 마루보다 깨끗하고, 똥 걸레는 똥보다 깨끗하고, 유리창 걸레는 유리창보다 깨끗하니, 일생 걸레로 살면 참 좋겠다"는 이현주 목사님의 마음으로 우리를 귀하게 사용하실 하나님을 찬송하며 사는 오늘, 그런 오늘이길 소망해 봅니다.

너무 불안해하지 마세요. 당신을 축복합니다. 사랑합니다.

세 번째
위로

해마다 연말이 되면 송년인사를 합니다. 한 해를 보내며 사랑하는 사람들에게 전하는 고마움의 표시입니다. "이런저런 일 많았다. 고맙다." 말이 짧을수록 그 안엔 수많은 생각을 담을 수 있는데요, 모든 것을 표현할 수는 없지만 짧은 말로 큰 마음을 전하곤 합니다. 그러다 자칫 창피하여 '시쟁이'들의 글로 송년인사를 대신하기도 합니다. 즐겨 하는 송년 인사는 오순화 시인의 「송년인사」입니다. 일부를 들려드리겠습니다.

그대의 품은 오늘도 내일도 세상에서 가장 넓고 편안한 집입니다
그대가 숨 쉬는 세상 안에 내 심장이 뛰고 희망이 있습니다
그대 올해도 살아줘서 살아있음에 큰 행복 함께 합니다✦

"잘 살자." 새해를 맞이하며 자신에게 또 사랑하는 이들에게 전하

✦ 오순화, 「송년인사」, 『그대의 이름을 부르면』 (진원, 2015) 중에서

는 말입니다. 잘 살면 참 좋겠습니다. 잘 산다는 것은 단지 물질적인 것만을 일컫는 말이 아닙니다. 그래서 잘 산다는 것은 소유보다는 존재를 일깨우는 말이다 싶습니다.

가끔 잠언의 말씀을 듣노라면 촌철살인이란 생각을 하는데요, 짧지만 명쾌하게 삶과 사람에 대해 가야 할 길을 분명히 제시합니다. 군더더기 없는 단순한 말씀에 무릎을 칩니다.

고난 받는 자는 그 날이 다 험악하나, 마음이 즐거운 자는 항상 잔치하느니라. 가산이 적어도 여호와를 경외하는 것이 크게 부하고 번뇌하는 것보다 나으니라. 채소를 먹으며 서로 사랑하는 것이 살진 소를 먹으며 서로 미워하는 것보다 나으니라(잠15:15-17).

무엇을 갖고 있는지, 얼마나 갖고 있는지, 그 소유에 대해 온통 신경을 쓰는 우리의 시선을 일시에 돌려버립니다. "마음이 즐거우세요? 하나님을 경외하며 서로 사랑하시지요? 그러면 된 겁니다. 잘 사는 거예요."

잘 사는 것은 분명 소유에 있지 않을 겁니다. 그런데 삶은 자꾸 소유에 눈이 가게 합니다. 마음을 잘 지키며 잘 사는 우리가 되면 좋겠습니다. 그래야 잔치하듯 즐거운 마음으로 살아갈 수 있으니 말입니다. 그러면 마음을 어떻게 지킬 수 있을까요? 잠언의 말씀은 여호와를 경외하라고, 또 서로를 사랑하라고 권면합니다. 가난과 부, 무엇을 먹는가의 문제로 우리의 마음이 지켜지는 것이 아님을 분명히 말하고 있는 것입니다.

　우리가 처한 상황과 처지에 휘둘려 마음을 빼앗겨버리지 않도록 마음관리를 잘해야겠습니다(잠4:23). 오늘도 힘내세요. 하나님이 잘해주실 겁니다. 사랑합니다. 사랑하는 당신이 오늘도 당당하시길 기도합니다.

네 번째
위로

　마치 제가 쓴 것 같은 착각을 불러일으키는 시가 있습니다. 이와
흡사한 경험이 기억에 진하게 남아 있기 때문입니다. 시인 노순래의
「쇠고기 한 근」이란 시 가운데 일부를 들려 드릴게요, 한번 잘 들어 보
세요.

　초등학교 6학년 때 부잣집 친구가 도시락 반찬으로 매일 싸오던 쇠
　고기볶음
　그것이 너무도 먹고 싶어
　이번 생일날엔 그 부드럽고 품위 있는 살코기와 함께
　나도 호강 한번 하리라 하며 일주일 전부터 어머니를 졸랐습니다

　생일날 아침 미역국과 비계투성이 돼지고기가 오른 밥상을 밀쳐버
　렸습니다
　아들 생일인데 이게 뭐냐고 꼬라지를 부리며 집을 나왔습니다
　…

저녁이 다돼서 자전거도 지치고 나도 지쳐
집에 왔더니 한바탕 난리가 났었나 봅니다
누나들이 퉁퉁 부은 눈으로 나를 껴안았습니다
우쭐해졌습니다

나를 나무라실 줄 알았던 어머니는 아무 말 없이
새 쌀 포대를 뜯어 쌀 한 바가지를 가겟집에 가져다 주셨습니다
어제 빌려줘서 고맙다고 하며 밀린 외상값도 함께 갚는 눈치였습니다
아버지 월급이 오늘에야 나왔다고 미안하다고

멀리서 아버지가 손에 무얼 들고 올라오고 계셨습니다
신문지로 꽁꽁 싼 쇠고기 한 근이었습니다
신문지 속에 아버지 살점이 다 들어가 있는 듯 아버지가 무척 작아
보였습니다

그때 쇠고기 한 근이 얼마나 무거웠었는지
왜 그때의 어머니 아버지들은 작고 가벼웠었는지
서른여덟의 생일에야 비로소 알 것 같습니다♦

♦ 노순래, 「쇠고기 한 근」, 〈ggum_ddang 블로그, 2015〉 중에서

유대인들은 아이를 안을 때마다, "하콜 베세데르הכל בסדר; Everything's alright", "모든 것이 잘될 거야."라고 말해준다고 합니다. 이렇게 말하는 이유는 부모에게 하나님에 대한 신앙이 있기 때문입니다. 하나님께서 우리 아이를 지키실 것이라고, 어떤 순간에도 동행하실 거라고 믿기 때문입니다. 제게도 이런 비슷한 강단 격언이 마음에 담겨 있습니다. "하나님의 사람은 하나님이 지키신다.", "기도하는 사람의 자녀는 망하지 않는다."

많이 민망하긴 하지만, 제가 "우와~", "이야~", "사랑합니다.", "하나님이 잘해주실 겁니다." 씩씩하게 외치는 이유가 여기에 있습니다. 단 한 순간도 하나님은 우리를 가벼이 여기지 않으시니까요. 그 하나님께서 우리를 반드시 지키실 테니까요.

물론 사랑을 외치고 살아도 당장에는 어떤 결과가 눈에 보이지 않고 달라지는 것은 없을 것이라는 사실을 잘 알고 있습니다. 사랑은 미세한 안개비에 젖는 것 같아 세월이 흘러야 알아질 테니까요. 하지만 **"하콜 베세데르!", "우와!", "사랑합니다!"** 끊임없이 말하고 다니면 좋겠습니다. 하나님이 분명 잘해주실 테니까요.

아무리 미천한 존재일지라도 하나님께서 지으시고 조성하셨으니 인자하신 하나님께서 우리를 버리시지 않으시고 살리시고 구원하실 것이라는 시편 기자의 신앙고백을 한번 들어 보세요. 나 같은 것은 아무것도 아니라고, 나는 없어져도 된다고 함부로 말하거나 절망하지

백 번의 위로 사랑합니다

말아야겠습니다. 하나님께서 우리를 살리시고 원수들의 손에서 구원하실 테니 말입니다.

> 내가 환난 중에 다닐지라도 주께서 나를 살아나게 하시고, 주의 손을 펴사 내 원수들의 분노를 막으시며, 주의 오른손이 나를 구원하시리이다. 여호와께서 나를 위하여 보상해 주시리이다. 여호와여 주의 인자하심이 영원하오니 주의 손으로 지으신 것을 버리지 마옵소서(시138:7-8).

다섯 번째
위로

사무엘상 3장 8-10절은 하나님의 음성을 듣는 어린 사무엘에 대한 이야기를 들려줍니다.

여호와께서 세 번째 사무엘을 부르시는지라. 그가 일어나 엘리에게로 가서 이르되 당신이 나를 부르셨기로 내가 여기 있나이다 하니, 엘리가 여호와께서 이 아이를 부르신 줄을 깨닫고, 엘리가 사무엘에게 이르되, 가서 누웠다가 그가 너를 부르시거든 네가 말하기를 여호와여 말씀하옵소서. 주의 종이 듣겠나이다 하라 하니, 이에 사무엘이 가서 자기 처소에 누우니라. 여호와께서 임하여 서서 전과 같이 사무엘아, 사무엘아, 부르시는지라. 사무엘이 이르되 말씀하옵소서. 주의 종이 듣겠나이다 하니.

스트레스나 심리적인 압박이 큰 일을 하게 되면 사람들은 저마다 소소한 징크스를 갖게 됩니다. 불안하기 때문입니다. 수염이나 손톱을 깎지 않거나, 머리를 감지 않거나, 어떤 특정 행동을 하거나 혹은 하지 않거나 하는데요. 물론 이를 강박증이라 쉽게 진단하기엔 무리가 있습니다. 스트레스 상황이 아닌 일반 상황에서는 나타나지 않으니 말입니다. 또 불안하고 연약한 존재로서 거친 세상에서 생존해야 하니 이를 무조건 심약한 마음이라 비난할 일도 아닙니다. 우리 모두는 저마다 어떤 심리적 위안이 필요하니 말입니다.

살아가며 좋지 않은 일이 한두 번 반복된다면, 우리는 거기에 어떤 의미를 심기도 합니다. 어떤 초월적인 계시나 예언적 표식Sign이라 생각합니다. 사실 부정적인 '머피의 법칙'이건, 혹은 이와 반대되는 긍정적인 '샐리의 법칙'이건 간에 이러한 생각을 한다는 것 역시 우리가 불안한 존재이며 연약한 존재라는 사실을 방증하는 셈입니다.

심리학에서는 징크스나 머피의 법칙, 혹은 샐리의 법칙을 확증편향Confirmation bias이라고 합니다. 자신의 신념에 부합하는 증거를 발견하거나 찾으려 노력하면서도 자신의 신념에 부합하지 않는 것들에 대해서는 의도적으로 무시하는 현상을 일컫습니다.

어쩌면 우리가 하나님께 드리는 기도가 때로 확증편향으로 기능하는 것은 아닐까 싶기도 합니다. 그러면 안타깝게도 기도가 주문이 됩니다. 내 생각과 신념을 기도를 통해 하나님께 강요하는 것이니 말입니다. 물론 그럴 수밖에 없는 절박한 상황과 가슴 아픈 현실이기에 '하나님께서 제발 내 기도를 들어주셔야 한다'는 마음을 나무랄 수는 없습니다. 기도는 아무래도 '간구Petitionary prayer'이기 때문입니다. 하지만 그때에도 하나님의 음성을 '듣는' 사람이 될 수 있기를 소망해 봅니다. 내 신념과 내 생각에 휩싸인 기도가 아닌 하나님의 말씀을 '듣는' 기도를 할 수 있기를 부탁드립니다.

어린 사무엘처럼, "주의 종이 듣겠습니다. 말씀하소서"라며 고요하게 하나님 앞에 설 줄 아는 사람이 되면 참 좋겠습니다. 설령 나의 현재가 무척 불안하고 떨린다 하더라도 그렇게 할 수 있는 순전한 사람이 될 수 있다면 좋겠습니다.

더불어 내 입술에 담은 수많은 말을 잠시 내려놓고 누군가의 말에 귀 기울일 줄 아는 사람이 되면 좋겠습니다. 그리고 내 마음에도 귀 기울일 줄 아는 하루가 되면 참 좋겠습니다. 이해인 수녀님의 시, 「듣게 하소서」 중 일부를 들려 드릴게요, 잘 들어 보세요. 사랑합니다.

주여 나로 하여금
이웃의 말과 행동을
잘 듣는 사람이 되게 하소서
…

나의 도움을 필요로 하는 이에게
못 들은 척 귀 막아 버리고
그러면서도 "시간이 없으니까"
"잘 몰랐으니까" 하며 핑계를 둘러대는

적당한 편리주의, 얄미운 합리주의를

견책하여 주소서

…

주여 나로 하여금

자신을 잘 듣는 사람이 되게 하소서

나를 잘 듣는 사람만이

남을 잘 들을 수 있음을

당신을 잘 들을 수 있음을

거듭 깨우치게 하소서

…

말소리만 커지는 현대의 소음과

언어의 공해 속에서도

얼굴을 찡그리지 않고

겸손히 듣고 또 듣는

들어서 지혜를 깨우치는

삶의 *求道者* 되게 하소서✦

✦ 이해인, 「듣게 하소서」, 『오늘은 내가 반달로 떠도』 (분도, 1988) 중에서

여섯 번째
위로

　힘든 일을 경험하면 어떻게 하세요? 대부분 문제를 해결하고 어려움을 극복할 현실적 대안을 찾으려 할 겁니다. 저도 그렇습니다. 그런데 그 순간 현실적인 해결을 모색하기 위해 애쓰기보다 먼저 영적인 대처를 찾는 사람들이 있습니다. 야곱이 그러했는데요, 성경 창세기 35장 2-3절은 이렇게 기록하고 있습니다.

　야곱이 이에 자기 집안사람과 자기와 함께 한 모든 자에게 이르되, 너희 중에 있는 이방 신상들을 버리고 자신을 정결하게 하고 너희들의 의복을 바꾸어 입으라. 우리가 일어나 벧엘로 올라가자. 내 환난 날에 내게 응답하시며 내가 가는 길에서 나와 함께 하신 하나님께 내가 거기서 제단을 쌓으려 하노라 하매.

　위기 상황에 처한 야곱과 그의 아들들. 부끄러운 일을 당한 딸 디나를 위해 오빠들이 저지른 전쟁과 노략, 그에 대한 피의 보복은 불 보듯 뻔한 것이었습니다. 그때 야곱은 인간적 대처를 생각하기보다

백 번의 위로 사랑합니다

하나님께 주목했습니다. 가족 가운데 있었던 우상을 제거하고 옷을 정갈하게 갈아입고 벧엘로 올라가 예배를 드렸습니다. 하나님께 드리는 예배를 통해 위기상황에 대한 해결을 하나님께 위탁했던 것입니다.

　사실 이것은 야곱의 과거와는 극명하게 대치되는 모습처럼 여겨집니다. 욕심 많은 꾀쟁이 야곱, 자신의 이익을 위해 온갖 수단과 방법을 가리지 않았던 야곱, 그런 그가 브니엘에서 하나님을 만난 후, 위기상황에 대한 현실적 모색이 아닌 영적 대처에 대한 감각을 회복했기 때문입니다.

　그저 바라기는 우리 모두는 영적 대처에 보다 민감하면 좋겠습니다. '누가 날 도울까?'라며 전화번호를 뒤적이기보다, '잔액이 얼마나 남아있지?' 통장을 확인하기보다, 하나님을 찾는 우리가 되면 좋겠습니다. 하나님에 대한 갈망이 커서 그의 인도하심에 의지하면 좋겠습니다.

　'한때 눈물 나게 기대했던 하늘나라, 그 영적 갈망을 잊지는 않으셨는지요?' '세상이 만든 반짝이는 것과 화려함에 매료되어 버린 것은 아닌지요?'

　질문을 앞에 두고 스스로를 성찰해야겠습니다. 아모서 선지자가 말했던 것처럼, 양식이 없어 주림이 아니고 물이 없어 갈함이 아닐 겁니다(암8:11). 하나님에 대한 성실함을 먹거리로 삼으며 우리 연약한 무릎을 일으켜 세워 다시 한 번 하나님을 찾는 우리가 되기를 소망해 봅니다.

무릎이 아파 제대로 걷기가 힘들었던 정현종 시인은 오솔길을 가로지르며 천천히, 그런 천천히는 다시없을 정도로 천천히 건너가는 민달팽이를 통해, '무릎이 아파 제대로 걷기 어렵지만 그래도 더 넓은 세상 천천히 찬찬히 만날 수 있으니 넌 얼마나 감사하니!' 하나님 주신 깨달음에 온 세상 하나님의 말씀으로 가득한 것을 알게 되었다 합니다.

주변을 둘러보세요. 어느 것 하나, 하나님의 손길이 미치지 않은 것 없으니 우리가 하나님을 찾고자 하면 하나님이 언제나 가르쳐 주시고 깨닫게 해 주실 겁니다. 그러니 행여 불안한 마음 가득한 날이면 "하나님, 도와주세요" 하고 하나님을 찾는 우리가 되면 좋겠습니다. 하나님이 잘해주실 겁니다. 든든하게 우리를 지켜주실 겁니다. 사랑합니다. 우와~

백 번의 위로 사랑합니다

일곱 번째
위로

누가복음 21장 34-36절에서 우리 예수님은 마지막 때를 위한 교훈의 말씀을 들려주셨습니다.

너희는 스스로 조심하라. 그렇지 않으면 방탕함과 술 취함과 생활의 염려로 마음이 둔하여지고, 뜻밖에 그 날이 덫과 같이 너희에게 임하리라. 이 날은 온 지구상에 거하는 모든 사람에게 임하리라. 이러므로 너희는 장차 올 이 모든 일을 능히 피하고 인자 앞에 서도록 항상 기도하며 깨어 있으라 하시니라.

죄성을 지닌 인간이기에 조금만 방심하면 죄의 종노릇을 하게 된다는 말씀 앞에 무릎을 꿇습니다(창4:7; 벧전5:8). 방탕과 술 취함, 삶의 염려로 하나님의 때를 분별하는 마음이 둔해지는 것을 경계해야겠습니다. 덫과 같이 느닷없이 우리에게 임할 그 날을 대비하며 항상 기도하며 깨어있어야겠습니다.

'카이로스Καιρός', 즉 '하나님의 때'에 대한 감각이 무뎌지지 않기를 기도합니다. 이 세상에 두 다리를 디디고 '크로노스Κρόνος', 다시 말해 '사람의 시간'을 살아가지만, 하늘소망으로 이 땅에서의 삶을 잘 견디고 살아낼 줄 아는 그리스도인이 되기를 기도합니다.

그렇게 살아가려 애쓰는 당신께 들려드리고 싶은 시가 있습니다. 삶이 힘겨워 '초심'이라는 것을 잊을 때면 스스로를 견책하듯 떠올리는 시이기도 합니다. 제가 사는 동네에 있는 조그마한 양옥집, 함석헌 기념관에 가면 볼 수 있는 시입니다. 들려 드릴게요.

세상이 거친 바다라도
그 위에 비치는 별이 떠 있느니라
까불리는 조각배 같은 내 마음아
너는 거기서도 눈 떠 바라보기를 잊지 마라

역사가 썩어진 흙탕이라도
그 밑에 기름진 맛이 들었느니라
뒹구는 한 떨기 꽃 같은 내 마음아
너는 거기서도 뿌리 박길 잊지 마라
…

삶이 봄 풀에 꿈이라도
그 끝에 맑은 구슬이 맺히느니라

백 번의 위로 사랑합니다

지나가는 나비 같은 내 마음아

너는 거기서도 영원의 향기 마시기를 잊지 마라**

　

　참 좋지요? 마음에 부치는 노래를 함께 부르며 하나님의 때를 기다릴 줄 아는 지혜로운 우리가 되어요. 언젠가 하나님의 나라에 이르면 하나님께서 우리에게 "잘했다" 칭찬하실 겁니다. 그러니 그때까지 힘내면 좋겠습니다. 힘내세요! 사랑합니다. 옆에 계시면 따뜻한 허브 차라도 한잔 대접했을 텐데 그럴 수 없어 아쉽습니다. 하지만 하나님이 당신을 좀 더 잘해주시기를 기도합니다. 사랑합니다.

◆　함석헌, 「마음에 부치는 노래」, 『수평선 너머』 (한길사, 2009)

여덟 번째
위로

　당장에 임박한 괴로움을 앞에 두고 우리가 해야 할 기도를 성경은 이렇게 권면합니다.

　우리 하나님 여호와여, 이제 우리를 그의 손에서 구원하사, 천하만 국이 주만이 여호와이신 줄을 알게 하옵소서 하니라(사37:20).

　짧은 인생사도 크고 넓은 믿음의 눈으로 바라보면, '역시 하나님이시다!' 하고 감탄하게 됩니다. 하물며 세상과 인류의 역사 역시 말해 무엇하겠습니까. 하지만 우리의 시선이 좁아지는 때, 예를 들어, 질병이나 전쟁 등 큰 환란이 다가올 때, 여전히 크고 넓은 믿음의 안목을 갖기는 쉽지 않다는 생각을 합니다. 그래서 말씀에 나타나는 히스기야의 기도는 정말 대단하다는 생각이 듭니다.

　어느 누구도 부정할 수 없었던 힘을 가진 앗수르왕 산헤립의 명을 받은 랍사게가 "너희 하나님도 구원할 수 없을 것"이라며 온갖 저주의

백 번의 위로 사랑합니다

독설을 내뱉었을 때, 히스기야가 했던 처음 행동은 감정의 동요나 불안으로 떠는 것이 아니었습니다. 하나님의 전에 올라가 기도하는 것이었습니다. 어쩌면 비이성적이며 비상식적인 행동입니다. 결과와 역사를 아는 입장에서야 잘한 선택이며 훌륭한 일을 한 것이라 말할 수 있지만, 당장 눈앞의 참담한 현실 앞에서, 눈으로 귀로 감각할 수 없는 하나님을 믿고 하나님께 기도하는 것은 바보처럼 여겨질 일이기 때문입니다.

오늘 하루, 또 다시 살아야 할 삶의 숙제들을 생각하면 불안이 밀려옵니다. 그러나 이런 현실의 한가운데에서 하나님을 구하고 찾는 우리가 되기를 기도합니다. 김초혜 시인은 그의 시「사랑」에서 '사랑'이란 큰 단어를 달랑 한 문장, "소리를 내면 깊은 강이 될 수 없다"라고 표현했습니다. 촌철살인이란 생각이 듭니다. 일희일비하며 부화뇌동하는 불안에서 고요한 묵상의 자리로 우리를 이끌면 참 좋겠습니다. 사랑합니다.

아홉 번째
위로

말씀을 먼저 들려드리겠습니다.

모세가 여호와께 부르짖었더니, 여호와께서 그에게 한 나무를 가리키시니, 그가 물에 던지니 물이 달게 되었더라. 거기서 여호와께서 그들을 위하여 법도와 율례를 정하시고 그들을 시험하실새, 이르시되 너희가 너희 하나님 나 여호와의 말을 들어 순종하고, 내가 보기에 의를 행하며, 내 계명에 귀를 기울이며, 내 모든 규례를 지키면, 내가 애굽 사람에게 내린 모든 질병 중 하나도 너희에게 내리지 아니하리니, 나는 너희를 치료하는 여호와임이라(출15:25-26).

병원에 가면 세상엔 참 많은 질병이 있다는 것을 알게 됩니다. 그리고 그 질병은 남녀노소, 지위나 재산, 성격과 인품을 가리지 않고 누구에게나 찾아오는 것임을 깨닫게 됩니다. 심지어 건강관리를 하고 열심히 몸을 아껴도 느닷없이 찾아오는 것임을 알게 됩니다.

고통이 찾아오면 비로소 자신의 한계를 깨닫게 됩니다. 그러니 고통은 자신의 크기와 넓이를 재는 척도라는 생각을 합니다. 십자가에서 고통당하신 우리의 하나님을 생각합니다. 십자가를 통해 경험하신 하나님의 고통은 우리에 대한 사랑만큼의 표현일 것입니다. 고통 중에 있는 인간에게 다가오시며(엡2:13-22), "내가 너를 이처럼 사랑한다(요3:16)" 말씀하시는 하나님의 언어일 것입니다.

문득 머리에 맴도는 말 하나가 있는데, '고통지기'입니다. 고통의 청지기로 고통을 친구라 여기는 고통지기가 되어 보면 어떨까요? 참 어려운 말이긴 하지만… 단지 고통을 없애려 하는 고통의 해결사가 아니라, '고통을 달란트라 여기며 감히 가치 있게도 여길 줄 아는 고통의 친구가 되어보면 어떨까?' 하고 발칙한 상상을 해 봅니다.

열일곱 번째 시집을 내시며 "이제 제 마지막 시집입니다"며 수줍어하셨던 홍윤숙 시인. 돌아가신지 벌써 한참이 지났지만 마지막 시집,『그 소식』마지막에 담긴 수필 속의 한 문장은 여전히 세상에 공명되고 있다는 생각을 합니다.

고통은 생의 알맹이, 핵심이며 인간을 존재케 하는 생명의 불이다. 문학의 중심 주제는 고통이며 그것을 밝히고 증명하면서 고통에서 희망을 끌어내는 고통의 미학이다.

지금 당장 고통스러우면, 고통을 가치라 여기는 것은 어불성설입니다. 하지만 고통을 달란트라 여길 줄 아는 지혜로운 청지기가 된다면, 고통을 없앤 듯 살 수 없는 우리 모두가 큰 깨달음과 지혜를 가질 수 있지 않을까요? 고통 중에 더 큰 고통을 찾아가는 어리석음을 갖지 않기를, 오히려 고통의 한가운데에서 고통의 좋은 청지기가 되어 생의 알맹이이며 인간을 존재케 하는 지혜를 발견할 수 있기를 소망해 봅니다. 사랑합니다.

열 번째
위로

사람이 만드는 조직체제 가운데 이런 생동성을 지닌 구조가 있을까 싶은 공동체는 초대교회입니다. 모든 사람을 하나로 모으고자 했던 바벨탑 체제도, 하나의 절대권력 앞에 결집력을 갖고자 했던 왕정체제도, 또 모든 인민이 똑같이 나눠 가져야 한다는 공산주의나 사회주의 체제도 실패했던 모습을 그리스도 예수의 사람들이 이뤄낸 것입니다.

믿는 무리가 한마음과 한뜻이 되어, 모든 물건을 서로 통용하고, 자기 재물을 조금이라도 자기 것이라 하는 이가 하나도 없더라. 사도들이 큰 권능으로 주 예수의 부활을 증언하니, 무리가 큰 은혜를 받아 그중에 가난한 사람이 없으니, 이는 밭과 집 있는 자는 팔아 그 판 것의 값을 가져다가 사도들의 발 앞에 두매, 그들이 각 사람의 필요를 따라 나누어 줌이라(행4:32-35).

초대교회 성도들을 이끌었던 것은 그들이 가진 삶의 규칙étiquette이 아니었습니다. 규칙, 즉 에티켓을 지키는 행동방식으로서 매너Manner 였습니다. 이들의 매너는 공동체를 안전Safety하고, 안정Stability적인, 또 의미Significance있는 집과 같은Heimlich 공동체인 교회Ecclesia로 세운 것입니다.

오늘 우리가 따르는 자본주의 사회에서 초대교회의 모습과 같은 재산의 공동소유나 물건의 통용, 필요에 따른 분배는 불가능할 것입니다. 하지만 누군가를 배려하는 따뜻한 매너를 갖는다면 우리가 사는 경쟁 사회에서도 초대교회 공동체의 모습을 나타낼 수 있지 않을까? 상상해 봅니다. 나만을 생각하는 처세술處世術이 아닌, 하나님사랑과 이웃사랑의 이타심으로 조금 더 천천히, 기어를 저단으로 낮춘다는 다운 쉬프팅Down Shifting을 실천한다면 얼마나 좋을까요?

당신과 나는 천천히 적당하게 더불어 기뻐할 수 있는 따뜻한 세상을 만들어 가는 사람이 되면 좋겠습니다. 그래서 우리가 주께 받은 말도 안 되는 풍성한 은혜를 누군가의 풍성함을 위해 조금이라도 나눌 줄 아는 넉넉한 하루가 되기를 기도합니다. "우와" 하고 누군가에 대해 감탄하며 사랑을 전하는 우리가 되면 좋겠습니다. 제가 참 좋아하고 사랑하는 이철환 작가의 「못난이 만두이야기」 중 일부를 들려 드리겠습니다. "우리 이렇게 살아요" 하고 부탁드리고 싶은 글입니다.

저녁 무렵, 만둣집 유리문이 다르르 열렸습니다.
꾀죄죄한 차림의 아이가 만둣집 안으로 들어왔습니다.

백 번의 위로 사랑합니다

"오늘은 좀 늦었구나?"

아저씨의 말에 아이는 웃기만 했습니다.

만둣가게 주인아저씨는

따뜻한 눈길로 아이를 쓰다듬어 주었습니다.

"잠깐만 기다려라, 아저씨가 얼른 따뜻하게 데워 줄게, 만두는 따

끈해야 맛있거든..."

아이는 가지색 피멍이 든 얼굴을 숙이고

한쪽 의자에 다소곳이 앉아 있었습니다.

...

"그나저나 엄마가 빨리 일어나셔야 할 텐데 걱정이구나.

반년이 넘도록 꼼짝을 못하시니 말이야..."

아저씨는 혀를 끌끌 차며

김이 모락모락 피어오르는 만두를 봉지에 담았습니다.

...

"오늘은 못난이 만두가 열 개 밖에 안 나왔다. 운이 아주 좋은 날이

지. 아무리 조심해도 옆구리 터지는 놈들은 나오기 마련이거든.

기술이 좋아도 어쩔 도리가 없어. 팔 수도 없는 놈들 너라도 맛있게

먹어 주니 그나마 다행이야..."

아저씨는 만두를 봉지에 담아 아이에게 건네주었습니다.

"고맙습니다."

"잘 가거라. 내일 또 오고. 알았지?"

"네, 안녕히 계세요."

만둣집 아저씨는 문 앞에 서서 개구쟁이처럼 웃고 있었습니다.

아이의 뒷모습이 어둠에 지워질 때까지

아저씨는 손을 흔들어 주었습니다.

만둣집 아저씨는

옆구리가 터져서 팔 수 없는 못난이 만두를

매일매일 아이에게 주었습니다.

아빠를 일찍 여의고

병든 엄마와 함께 사는 아이에게 주려고

만둣집 아저씨는 매일매일 못난이 만두를 만들었습니다.

만두 옆구리를 두 번 세 번 일부러 꼬집어서

못난이 만두를 만들었습니다.

만둣집 아줌마도 모르게, 아무도 모르게,

매일매일 못난이 만두를 만들었습니다.

...◆

◆ 이철환, 「못난이 만두이야기」, 『못난이 만두이야기』 (가이드포스트, 2006) 중에서

백 번의 위로 사랑합니다

열한 번째
위로

우리가 즐겨 읽고 암송하기도 하는 시편 1편을 찬찬히 읽어 보세요.

복 있는 사람은 악인들의 꾀를 따르지 아니하며, 죄인들의 길에 서지 아니하며, 오만한 자들의 자리에 앉지 아니하고, 오직 여호와의 율법을 즐거워하여, 그의 율법을 주야로 묵상하는도다. 그는 시냇가에 심은 나무가 철을 따라 열매를 맺으며 그 잎사귀가 마르지 아니함 같으니, 그가 하는 모든 일이 다 형통하리로다. 악인들은 그렇지 아니함이여 오직 바람에 나는 겨와 같도다. 그러므로 악인들은 심판을 견디지 못하며 죄인들이 의인들의 모임에 들지 못하리로다. 무릇 의인들의 길은 여호와께서 인정하시나 악인들의 길은 망하리로다.

시편 말씀은 하나님의 말씀을 즐거이 묵상하는 사람을 복 있는 사람이라고 단언합니다. 그렇다면 말씀 묵상은 어떻게 하는 것일까요?

전통적인 말씀 묵상의 수준에 대한 이해는 다음과 같습니다.

　먼저 내가 하나님의 말씀을 읽는 수준입니다. 사람은 경험하는 존재입니다. 경험은 사람에게 흔적Stigma을 남깁니다. 이 흔적을 긍정적으로는 내적 동기Inner motivation라고 하고, 부정적으로는 상처 혹은 외상Trauma이라고 합니다. 내적 동기이건 외상이건 간에 남겨진 흔적이 이후의 경험들과 만나 일정한 패턴을 형성하면 이를 일컬어 개성Personality이라고 말합니다. 더 나아가 개성이 반복적으로 외부에 표현이 되면 그것을 성격Character이라고 합니다. 따라서 개성과 성격은 오랜 세월에 걸쳐 경험 위에 경험이 누적되어 만들어진 마음의 틀이라고 할 수 있습니다. 이 틀은 개개인에게 독특한 선입견을 갖게 합니다. 그래서 사람은 저마다의 선입견으로 세상을 만나고 이해하는 것입니다. 하나님의 말씀을 읽고 묵상할 때 말씀 자체가 읽히기보다는 내가 가진 선입견으로 읽히는 이유입니다. 말씀을 읽을 때 내가 읽기에 좋은 말씀만 눈에 들어오는 것입니다.

　두 번째는 하나님의 말씀이 나를 읽는 수준입니다. '나' 중심으로 읽히던 하나님의 말씀이 '하나님' 중심으로 읽히는 것입니다. 사실 이러한 변화는 거의 불가능에 가깝다고 여길 수 있습니다. '어떻게 내가 가진 선입견을 깰 수 있을까?' 그래서 많은 종교에서는 고행이라는 훈련을 제안합니다. 무아無我의 경지에 이르기 위해, 해탈과 열반이라는 큰 깨달음大悟을 위해 자신을 깊은 고통으로 몰고 가는 것입니다.

혹은 일상생활을 피해 어떤 정적을 경험하고자 합니다避靜. 깊은 명상 속에 참선參禪을 이루려고 합니다. 그러나 기독교에서 말하는 말씀 묵상 두 번째 수준은 느닷없이 임할 하나님의 선물로서 의롭다 하심, 즉 칭의Justification의 은혜로 가능하다고 봅니다.

자신이 어떤 존재이건 상관이 없습니다. 다만 누가복음 18장 9-14절에 나타난 세리의 마음, 다시 말해 회개하는 마음을 갖는 것입니다. 자신의 흔적, 상처, 개성, 성품, 그것이 무엇이든 자신을 하나님 앞에 온전히 드러내며 반추Rumination하는 것입니다. 물론 반드시 회개를 칭의를 위한 필요충분조건이라고 말할 수는 없지만, 하나님 앞에서 정직하고 솔직한 마음을 갖는 것은 무척 중요합니다. 스스로 죄인임을 고백하는 사람에게 주어지는 칭의의 은혜는 지금까지 나 자신이 주도해 온 삶이라 여겼던 인생을 결국 하나님께서 이끄셨던 것임을 깨닫게 합니다. 이렇게 말씀을 읽을 때 주어가 바뀌는 경험을 하게 되는데, 이것을 하나님의 말씀이 나를 읽는 수준이라고 말하는 것입니다.

마지막은 하나님의 말씀이 나를 읽으며 갖게 된 깨우침을 나의 삶에 대입하여 실천하는 수준입니다. 이러한 말씀실천은 오랜 습관을 깨고 새로운 변혁을 이루는 것으로 이 또한 기적이라 할 수 있습니다. 그래서 고백합니다. "나는 할 수 없었지만 하나님께서 하셨습니다." 하나님께 모든 영광을 돌리고, 자신에 대해서는 "무익한 종이라. 제가 해야 할 일을 한 것뿐입니다(눅17:10)."라고 자신의 지분과 영광을 포기하는 것입니다.

　모쪼록 사랑하는 당신이 시냇가에 심긴 복된 나무가 되면 좋겠습니다. 깜깜한 밤하늘 반짝이는 별이 되어 길을 잃어버린 사람들에게 바른 방향을 가리키는 좋은 표지標識가 되면 좋겠습니다. 사랑합니다.

열두 번째
위로

요한복음 16장 21-23절 상반절의 말씀은 "그 때", 바로 그 "하나
님의 때"가 이르면 우리가 깨닫게 될 기쁨에 대해 이렇게 말해줍니다.

여자가 해산하게 되면 그 때가 이르렀으므로 근심하나, 아기를 낳
으면 세상에 사람 난 기쁨으로 말미암아 그 고통을 다시 기억하지
아니하느니라. 지금은 너희가 근심하나 내가 다시 너희를 보리니,
너희 마음이 기쁠 것이요 너희 기쁨을 빼앗을 자가 없으리라. 그 날
에는 너희가 아무것도 내게 묻지 아니하리라.

"그 때"가 오면 하나님께 드릴 질문이 많다고 생각했습니다. "하
나님 대체 왜 그렇게 하셨어요?", "나한테 왜 그 아픈 상처를 주셨나
요?", "왜 나는 그렇게 살아야 했나요?" 수많은 "왜?"에 대한 질문을
쏟아내고 싶다는 생각을 했습니다.

출산한 어머니가 아기를 보며 갖게 된 기쁨으로 해산의 고통을 잊

어버리듯, 구원의 그 날이 오면 우리가 갖게 될 기쁨이 너무 커서, 지난 삶의 고통에 대한 이유를 묻지 않게 될 것이라는 주님의 말씀이 마음에 잘 들어오진 않습니다.

'정말 그런 날이 올까?' 한 자락 의심의 끈을 들고 서 있는 나 자신을 바라보며 내가 가진 연약한 믿음에 고개를 떨어뜨립니다.

저와 비슷한 마음에 서글픈 당신께 제가 좋아하는 시 한 편 들려드립니다. 맑은 마음으로 세상을 살았던 시인 윤동주의 「반딧불」입니다.

가자 가자 가자
숲으로 가자
달 조각을 주우러
숲으로 가자.

그믐달 반딧불은
부서진 달 조각,

가자 가자 가자
숲으로 가자
달 조각을 주우러
숲으로 가자.◆

백 번의 위로 사랑합니다

부서진 달 조각이라 할지라도, 저만치 먼 달님을 찾을 수 있다는 희망으로 숲을 향해 가야겠습니다. 꺼졌다 켜졌다 하는 반딧불이라 할지라도, 그 불빛을 밝히는 용기를 가져야겠습니다.

지금 당장엔 왜 그런지 잘 모르지만 그 날, 그때에는 아무것도 묻지 않게 될 것이라는 주님의 약속을 붙들고 오늘을 살아보자 싶습니다. 네, 그래요 뭐. 그냥 한번 살아보지요...

♦ 윤동주, 「반딧불」, 『하늘과 바람과 별과 시』 (책만드는집, 2012)

열세 번째
위로

우리를 향한 하나님의 뜻은 무엇일까요? 데살로니가전서 5장 16-18절은 분명히 말합니다.

항상 기뻐하라. 쉬지 말고 기도하라. 범사에 감사하라. 이는 그리스도 예수 안에서 너희를 향하신 하나님의 뜻이니라.

항상 잔치하듯 날마다 마음이 즐거울 수 있다면(잠15:15) 얼마나 좋을까요? 쉬지 않고 기도하듯 언제나 하나님을 기억하고 생각할 수만 있다면, 그 삶이 얼마나 풍성할까요? 모든 일에 감사할 수 있다면 또 얼마나 행복할까요?

하지만 솔직히 부정적인 생각이 듭니다. '우리를 향한 하나님의 뜻을 이루며 살아가는 것은 거의 불가능한 일이 아닐까...' 사실 날마다 기뻐하고 쉬지 않고 기도하고 범사에 감사한다면 그것은 아마 천사나 가능하지 않을까 싶습니다.

그런데 이 비밀을 풀 수 있는 찬송가가 하나 있습니다. 찬송가 151장입니다. 그 후렴 가사는 이렇습니다. "십자가, 십자가, 내가 처음 볼 때에 나의 맘에 큰 고통 사라져, 오늘 믿고서 내 눈 밝았네. 참 내 기쁨 영원하도다." 기쁨이 영원할 수는 없을 겁니다. 그런 삶은 천국에서나 가능하겠지요. 그런데 기쁨이 영원할 수 있는 이유를 찬송은 날마다 좋은 일이 있어서가 아니라 "십자가를 바라보면" 가능하다고 가르쳐 줍니다. 무릎을 쳤습니다. '아하! 믿음에 눈을 뜨게 하면 기쁨이 영원할 수 있는 것이로구나!'

시인 정호승은 그의 시, 「그리운 목소리」에서 나무를 껴안고 가만히 귀 대어보라고 말합니다. 그러면 그 옛날 "행주치마 입은 채로 어느 날 어스름이 짙게 깔린 골목까지 나와, 호승아 밥 먹으러 오너라 하고 소리치던 그리운 어머니의 목소리"를 들을 수 있을 것이라고 말합니다.

나무에서 어머니의 목소리를 듣는다고요? 한참 전에 돌아가셔서 얼굴조차 가물가물한 엄만데, 그 엄마 목소리를 듣고 싶다면 나무를 꼭 껴안아 보라고, 그러면 들을 수 있을 것이라고 말하는 시인이 이해가 되시는지요? 시인의 시는 일견 정신 나간 말처럼 들릴 수 있습니다. 하지만 시인에겐 분명하게 들리나 봅니다.

마찬가지로 믿음의 눈을 가진 사람들은 일상 속에서, 아니 때로 불안한 현재에서도 기뻐해야 할 이유를, 항상 기도해야 할 사명을, 날마다 감사해야 할 것들을 볼 수 있습니다. 세상을 과학적 상식으로 바라보는 것이 아니라, 믿음과 신앙의 눈으로 바라보기 때문입니다. 동시 작가 곽해룡 선생도 이 비슷한 관점의 동시를 적었습니다.

귀뚜라미가
귀뚤귀뚤
귀뚤귀뚤
막힌 귀를 뚫어준다.
…
대못처럼
내 귀에 꽉 박힌 소리

귀뚤귀뚤
귀뚤귀뚤
말끔하게 뚫어준다.♦

시인의 동시, 「귀뚜라미」는 귀뚜라미의 울음의 이유를 알려줍니다. 만물의 소리에는 이유가 있다고, 우리게 들려주고 싶은 말이 있는 것이라고 시인이 가르쳐 줍니다.

하나님께서도 어쩌면 보물찾기하듯 고통 뒤에 보석 같은 선물들을 숨겨두신 것은 아닐까요? 그러니 불안한 마음이 가득한 하루이지만,

---

♦ 곽해룡, 「귀뚜라미」, 『축구공 속에는 호랑이가 산다』 (문학동네, 2015) 중에서

백 번의 위로 사랑합니다

두 눈을 크게 뜨고 두 귀를 활짝 열고 하나님의 뜻을 발견하고 이루어 갈 수 있는 우리가 되기를 기도합니다. 하나님을 바라보기에 기뻐하고, 하나님을 신뢰하기에 기도하고, 하나님의 일하심을 느끼기에 감사하는 우리가 되길 소망합니다. 사랑합니다.

열네 번째
위로

🕯

말씀을 먼저 들어 보세요.

너희의 구속자시요, 이스라엘의 거룩하신 이이신 여호와께서 이르
시되, 나는 네게 유익하도록 가르치고, 너를 마땅히 행할 길로 인도
하는 네 하나님 여호와라. 네가 나의 명령에 주의하였더라면, 네 평
강이 강과 같았겠고, 네 공의가 바다 물결 같았을 것이며, 네 자손
이 모래 같았겠고, 네 몸의 소생이 모래알 같아서, 그의 이름이 내
앞에서 끊어지지 아니하였겠고 없어지지 아니하였으리라 하셨느
니라(사48:17-19).

성경 이사야서는 온 세상을 주관하시는 분이 하나님이심을 끊임없
이 주장합니다. 때문에 하나님의 권능과 주권을 깨닫고 돌이켜 구원
을 얻으라고 촉구합니다. 또 이방인이든 선택받은 백성이든, 하나님
을 하나님으로 인정하지 않고 스스로 교만히 행한다면 가차 없이 내
쳐질 것도 경고합니다.

백 번의 위로 사랑합니다

이 말씀을 통해 우리의 모습을 살피면 좋겠습니다. 모든 겉치레와 장식을 벗어버린 맨몸으로 하나님이란 진리의 빛 앞에 자신을 투명하게 비춰보면 좋겠습니다. 혹 욕심을 달고 살고 있지는 않은지, 부지불식간에 더러운 생각에 물들어 있지는 않은지 스스로를 살펴봐야겠습니다. 하나님이 과연 우리의 하나님이신지, 말로는 늘 하나님을 하나님 되게 한다면서 자신의 뜻과 기분에 따라 살고 있지는 않은지 살펴봐야겠습니다.

단재 신채호 선생은 "역사를 잊은 민족에게 미래는 없다"고 잘라 말했습니다. 이스라엘 백성의 경험을 들여다보며 역지사지의 마음을 가져봅니다. 같은 실수를 되풀이하는 어리석음으로 하나님의 복을 스스로 걷어차는 사람이 되지 말아야겠습니다.

정치-경제적인 어려움, 문화적인 타락, 여러 가지 환경 재앙, 감염증 사태 등 많은 어려움이 우리를 위협하고 있습니다. 지나친 불안과 신경증적인 반응, 타인에 대한 무분별한 상처 주기에서 벗어나, 하나님께로 우리 자신을 돌이킬 수 있기를, 사랑하는 당신과 나는 하나님 말씀 앞에서 겸손할 수 있기를 간절히 바랍니다. "껍데기는 가라"고 외쳤던 시인 신동엽의 시를 마음에 품으며 진실한 사람이 될 수 있으면 좋겠습니다.

껍데기는 가라.

사월도 알맹이만 남고
껍데기는 가라.
…
껍데기는 가라
한라에서 백두까지
향그러운 흙가슴만 남고
그, 모오든 쇠붙이는 가라.♦

♦ 신동엽, 「껍데기는 가라」, 『신동엽 전집』 (창비, 2008) 중에서

백 번의 위로 사랑합니다

열다섯 번째
위로

경험에 경험을 더하면 지혜가 되나 봅니다. 물론 이 말 역시 진리는 아닐 테지만, 그래도 고개를 가로저을 수만은 없는 것은 경험을 잘 모으면 어떤 깨달음을 얻을 수 있기 때문입니다. 경험으로 버무려진 나이를 먹게 되면 알게 되는 것이 많아지는 것 같습니다. 경험은 아무래도 우리 모두가 좀 더 넓은 시야를 갖게 하니까요. 그래서일까요? 시인 윌리엄 블레이크William Blake는 「순수의 전조Auguries of Innocence」에서 노인의 몸을 감싼 남루한 낡은 외투에 대해 그와 함께한 세월을 담고 있는 것만으로도 "함부로 대해서는 안 될 지혜"라고 말했습니다.

시인 정호승도 어린 시절, 전혀 알 수 없었던 아버지의 행동을 아버지의 나이에 이르는 경험을 갖게 되어서야 알게 되었다고 합니다. 그의 시, 「아버지의 나이」의 한 대목입니다.

해질 무렵
아버지가 왜 강가에 지게를 내려놓고

종아리를 씻고 돌아와
내 이름을 한 번씩 불러보셨는지 알게 되었다◆

신앙 경험도 한 해, 두 해, 쌓여가니 하나님의 마음에 이르게 되는 것 같습니다. 도대체 이해되지 않던 말씀이 읽히니 말입니다.

> 이같이 한즉 하늘에 계신 너희 아버지의 아들이 되리니, 이는 하나님이 그 해를 악인과 선인에게 비추시며 비를 의로운 자와 불의한 자에게 내려주심이라. 너희가 너희를 사랑하는 자를 사랑하면 무슨 상이 있으리요, 세리도 이같이 아니하느냐. 또 너희가 너희 형제에게만 문안하면 남보다 더하는 것이 무엇이냐. 이방인들도 이같이 아니하느냐. 그러므로 하늘에 계신 너희 아버지의 온전하심과 같이 너희도 온전하라(마5:45-48).

타당하고 합리적인 질문이라 여겼던, 꼬일 대로 꼬인 생각이 있습니다. '하나님, 이 사람은 좋은 사람인데 왜 고통을 당하나요? 그리고 하나님, 저 사람은 못된 사람인데 왜 잘해주세요? 하나님, 하나님은 진짜 정의의 하나님이신가요?'

하지만 나이도 신앙도 쌓이니 깨닫게 됩니다. 모든 사람에게 좋은 사람도, 모든 사람에게 악한 사람도 없다는 사실을 말입니다. 세상 모

◆ 정호승, 「아버지의 나이」, 『눈물이 나면 기차를 타라』(창비, 2007) 중에서

백 번의 위로 사랑합니다

든 것에 강한 사람도 없으며, 모든 것에 대해 약한 사람도 없음을 알게 되었습니다. 그러니 내가 생각하기에 좋은 사람이 누군가에게 비난을 받을 수도 있고, 내가 생각하기에 저주받아 마땅한 사람이 누군가에겐 더할 나위 없이 진실한 사람이라 칭찬을 들을 수도 있는 것입니다. 심지어 아무런 말과 행동을 그에게 하지 않았어도, 그냥 나라는 존재가 싫은 누군가가 있다는 것도 알게 되었습니다.

이것을 깨닫고는 그제야 오늘 말씀이 눈에 들어왔습니다. 예수님께서는 악한 사람에게나 선한 사람에게나 치우치지 않고 또 넘치거나 모자라지 않는 온전함에 대해 말씀하고 계시다는 것을 말입니다.

예기禮記의 한구석에 있던 중용中庸은 사서의 마지막 책입니다. 중용은 회색주의나 중간주의가 아니라 끊임없이 자기 평형을 찾아가는 지혜를 말합니다. 맹자가 공자를 일컬어 **"빨리 가야 할 때 빨리 가고, 천천히 가야 할 때 천천히 가는 사람"**이라고 표현했는데, 사실 이것은 보통 사람이 이루기 힘든 중용의 모습입니다. 가치 있는 일이 무엇인지 알고 그 일을 행할 줄 알며, 동시에 욕심을 제어할 줄 아는 것은 보통 비범한 일이 아니기 때문입니다.

박쥐 같은 회색주의자나 색깔이 불분명한 중간주의자라 놀림 받더라도, 누구나 사랑할 줄 아는 온전함을 이루어 가는 **평화지기**가 되기를 기도합니다. 보다 적극적인 용서와 화해를 이루는 사람이 되어 나를 모함하고 비방하는 사람들에 대해서도 한결같이 신실하고 친절하게 대하며 살아갈 수 있기를 간구합니다(엡4:29-32). 그렇게 한 해, 두 해, 경험을 쌓아가는 성숙한 그리스도인이 되기를 기도합니다. 사랑합니다. 우와~

열여섯 번째
위로

예수님께서 부활하신 후, 베드로는 물고기나 잡으러 가겠다며 길을 나섰습니다(요21:3). 요한과 야고보, 도마와 나다나엘 등 여섯 명의 제자가 베드로를 따라 나섰습니다(요21:2). 밤을 지새워 고기를 잡으려 애썼지만 단 한 마리도 잡을 수 없었습니다.

새벽에 누군가 배 오른편에 그물을 던져 보라고 했고(요21:6), 그 말씀에 순종한 제자들이 그물을 던졌더니 많은 물고기를 잡을 수 있었습니다. 그제야 그 누군가가 바로 예수님이란 사실을 알게 된 베드로는 헤엄을 쳐서 예수님을 만났고, 나머지 제자들도 물고기를 육지로 끌어 올린 후 예수님을 만났습니다. 조반 먹은 후의 일에 대해 성경은 이렇게 기록합니다.

그들이 조반 먹은 후에 예수께서 시몬 베드로에게 이르시되, 요한의 아들 시몬아. 네가 이 사람들보다 나를 더 사랑하느냐 하시니, 이르되 주님 그러하나이다. 내가 주님을 사랑하는 줄 주님께서 아시나이다. 이르시되, 내 어린 양을 먹이라 하시고, 또 두 번째 이르시되, 요한의 아들 시몬아. 네가 나를 사랑하느냐 하시니, 이르되 주님 그러하나이다. 내가 주님을 사랑하는 줄 주님께서 아시나이다. 이르시되, 내 양을 치라 하시고, 세 번째 이르시되, 요한의 아들 시몬아. 네가 나를 사랑하느냐 하시니, 주께서 세 번째 네가 나를 사랑하느냐 하시므로, 베드로가 근심하여 이르되, 주님 모든 것을 아시오매, 내가 주님을 사랑하는 줄을 주님께서 아시나이다. 예수 께서 이르시되, 내 양을 먹이라(요21:15-17).

예수님은 베드로에게 "네가 나를 사랑하느냐?"라고 세 번이나 물어 보셨습니다. 그때마다 멋쩍은 듯 베드로는 "주님이 아십니다!"라고 둘러댔습니다. 그때 주님이 하신 말씀은 "내 양을 먹이라"는 말씀이었습니다.

"내 양을 먹이라"는 주님의 말씀은 잡아온 물고기 백쉰세 마리를 밑천 삼아 돈을 많이 벌어 힘든 사람들을 먹이라는 의미가 아니었습니다. 또한 쌓은 부로 권세와 힘을 획득해 누군가를 도우라는 말도 아니었습니다. 스스로를 "선한목자(요10:11)"라고 정의하신 예수님께서 십자가 위에서 우리를 살리기 위한 밥이 되셨듯이(요10:11), 베드로에게 "네가 밥이 되라"고 권면하신 것입니다.

삯꾼은 양을 위해 자신의 목숨을 던지지 않지만(요10:12), 선한 목 자는 양을 위해 목숨을 버릴 줄 압니다(요10:15). 때로 찬밥 같은 신세

일지라도 배고픈 누군가의 속에 들어가 생명이 될 줄 아는 선한 목자
가 되라고 말씀하신 것입니다.

베드로에게 하신 말씀을 오늘 우리에게 주어진 권면으로 받아야겠
습니다. 우리도 주님의 사랑 안에 있으니 말입니다. 물론 누군가를 위
해 밥이 되는 것은 정말이지 어려운 일입니다. "내가 네 밥이니?"라며
울화통을 터트릴 일이기 때문입니다. 하지만 우리 주님께서 그렇게
하셨듯이, 우리도 그렇게 살 수 있기를 기도해 봅니다. 밥맛 나는 인
생이 되어 누군가를 먹일 줄 아는 맛깔나는 사람이 되면 참 좋겠습니
다. 사랑합니다.

열일곱 번째
위로

참 좋아하면서도 마음에 부담을 갖게 하는 말씀이 있습니다. 로마서 12장 14-18절인데요, 말씀은 이렇습니다.

너희를 박해하는 자를 축복하라. 축복하고 저주하지 말라. 즐거워하는 자들과 함께 즐거워하고, 우는 자들과 함께 울라. 서로 마음을 같이하며 높은 데 마음을 두지 말고, 도리어 낮은 데 처하며, 스스로 지혜 있는 체하지 말라. 아무에게도 악을 악으로 갚지 말고, 모든 사람 앞에서 선한 일을 도모하라. 할 수 있거든 너희로서는 모든 사람과 더불어 화목하라.

말씀을 읽으며 마음 한편 지울 수 없는 생각은 '이렇게 진짜로 살 수 있을까?'라는 의구심입니다. 사실 이렇게만 살 수 있다면 그는 대단한 성자이거나, 거의 예수님 수준, 아닐까요?

솔직히 누군가 나를 박해하면 꼭 배나 갚아 주고 싶습니다. 불안

백 번의 위로 사랑합니다

한 마음에 폭발하듯 화를 내기도 합니다. 즐거운 일이 생긴다면 다른 사람이 아니라 나에게만 생기기를 바랍니다. 우는 사람을 보면 외면하고 싶습니다. 세상 어떤 존재보다 높아지고 싶습니다. 낮은 곳에 처하는 재수 없는 상황을 두려워하며, 세상의 모든 이치를 아는 듯 지식과 지혜를 뽐내고 싶습니다. 누군가가 악하게 행동하면 꼭 배나 갚아주길 원합니다. 선한 일에는 굼뜨며 주저합니다. 모든 사람과 화목하기보단 모든 사람을 내 발밑에 복종시키길 원합니다. 내 마음대로 세상을 주무를 수 있는 힘을 갖기를 원합니다. 나열한 욕심과 이기심에 가득한 옹졸한 인생이기에 로마서의 말씀을 읽으며 생각합니다. '주님, 저는 말씀처럼 못 살 것 같아요...'

제가 참 좋아하는 윤동주 시인이 우물에 비친 자신을 가엾어한 것처럼, 말씀에 비친 제 자신의 모습을 보며 가엾어집니다.

산모퉁이를 돌아

논가 외딴 우물을 찾아가선

가만히 들여다봅니다.

우물 속에는 달이 밝고 구름이 흐르고

하늘이 펼치고 파아란 바람이 불고

가을이 있습니다.

그리고 한 사나이가 있습니다.

어쩐지 그 사나이가 미워져 돌아갑니다.

돌아가다 생각하니 그 사나이가 가엾어집니다.
도로 가 들여다보니 사나이는 그대로 있습니다.

다시 그 사나이가 미워져 돌아갑니다.
돌아가다 생각하니 그 사나이가 그리워집니다.

우물 속에는 달이 밝고 구름이 흐르고
하늘이 펼치고 파아란 바람이 불고
가을이 있고 추억처럼 사나이가 있습니다.◆

도대체 예수님은 어떻게 그렇게 사셨는지, 또 신앙의 선배들은 어떻게 그렇게 견디셨는지 궁금합니다. 늘 주저주저하는 인생이기에 말씀에 한 걸음 다가섰다 싶다가도 두 걸음 멀어지는 자신을 발견합니다. 그런 스스로가 밉기도 합니다.

이런 나도 주님이 사랑해 주시기를 바라는 간절한 마음으로 기도합니다. "하나님, 못난 저를 불쌍히 여겨 주세요. 키리에, 엘레이손 Κύριε, ἐλέησον; Lord, have mercy."

◆ 윤동주, 「자화상」, 「하늘과 바람과 별과 시」 (책만드는집, 2012)

백 번의 위로 사랑합니다

<h1 style="text-align:center">열여덟 번째
위로</h1>

우리에게 도전이 되는 말씀이 있습니다. 마가복음 1장 12-13절 말씀을 읽어 드릴게요. 들어 보세요.

성령이 곧 예수를 광야로 몰아내신지라. 광야에서 사십일을 계시면서 사탄에게 시험을 받으시며 들짐승과 함께 계시니 천사들이 수종들더라.

공적 삶을 살기 직전 예수님은 성령에 의해 광야로 내몰리셨습니다. 마가복음 1장이 말하는 대로 광야에서 있었던 일은 마귀에게 세 가지 시험을 받으셨던 일입니다. 시험의 내용은 누가복음 4장에 자세하게 기록되어 있는데요, 예수님은 말씀으로 마귀의 유혹을 이겨냈습니다.

시험을 이기신 후 예수님이 계셨던 광야에는 일대 변화가 일어났습니다. "들짐승과 함께 계시니 천사들이 수종들더라." 메마르고 황량한 광야는 비옥함과 풍요로움보다는 빈곤과 메마름이 먼저 떠오르는 장소입니다. 죽음의 땅이기 때문입니다. 먹을 것이 부족한 광야, 그 광야에 살았던 들짐승들은 어떤 모습이었을까요? 분명 잔인함과 맹렬함 그리고 날카로운 이빨과 발톱을 가지고 있었을 것입니다. 살아남아야 하니 말입니다.

그런데 성경을 보면 그 들짐승들이 예수님과 함께하며 예수님은 천사들의 수종을 받았다고 합니다. 본문의 뉘앙스는 앞서 생각한 들짐승들의 모습과 사뭇 차이가 납니다. 들짐승들이 마치 순한 반려동물처럼 나타나기 때문입니다. 이는 마치 이사야 11장 6-9절 말씀과 같은 새 하늘과 새 땅의 분위기입니다.

그 때에 이리가 어린 양과 함께 살며 표범이 어린 염소와 함께 누우며 송아지와 어린 사자와 살진 짐승이 함께 있어 어린아이에게 끌리며 암소와 곰이 함께 먹으며 그것들의 새끼가 함께 엎드리며 사자가 소처럼 풀을 먹을 것이며 젖 먹는 아이가 독사의 구멍에서 장난하며 젖 뗀 어린아이가 독사의 굴에 손을 넣을 것이라. 내 거룩한 산 모든 곳에서 해 됨도 없고 상함도 없을 것이니 물이 바다를 덮음 같이 여호와를 아는 지식이 세상에 충만할 것임이니라.

예수님께서 광야에 가셨습니다. 그 광야에 말씀이 도래한 것입니다. 말씀은 마귀를 이깁니다. 그리고 잔인한 들짐승도 변화시킵니다. 시험과 죽음의 땅을 평안과 생명의 공간으로 탈바꿈시킨 것입니다.

백 번의 위로 사랑합니다

오늘 이야기를 시작하며 도전이 되는 말씀이라며 마가복음의 말씀을 소개했습니다. 제가 받은 도전을 나누고 싶습니다. 우리는 우리에게 주어진 삶을 힘겨움과 아픔이라 여길 때가 많습니다. 때문에 우리 인생을 광야와 같다고 생각합니다. 하지만 그럴 때마다 예수님과 같은 영적 영향력이 있다면 얼마나 좋을까요? 바로 말씀의 영성 말입니다.

물론 예수님이시니까 가능하겠지만, 그래도 우리가 예수 그리스도를 좇는 그리스도인이라면, 한번 시도해 보면 어떨까요? 말씀으로 우리 인생의 광야를 오아시스와 같은 푸르름으로 변화시킬 수 있기를, 거친 들짐승과 같은 세상도 귀여운 '댕댕이'로 변화시킬 수 있기를 바랍니다.

저는 그저 당신이 높은 산처럼 우뚝하시길 소망합니다. 말씀으로 푸르러 맑은 마음으로 세상을 정화시키는 분이시길 기도합니다. 어느 곳에서, 어떤 시간에 머물더라도 하나님의 나라를 만드는 그리스도인이시면 좋겠습니다. 만나는 모든 것에 대해 "우와", "이야" 감동할 줄 알며 "사랑합니다!" 말하는 대로 사랑이 될 줄 아는 그런 그리스도인이 되어주시면 참 좋겠습니다.

사랑합니다. 하나님이 잘해주실 겁니다.

열아홉 번째
위로

정신없이 하루를 살아야 하는 인생이지만 가끔 시간을 내서 산책합니다. 산책하는 기쁨이 꽤나 쏠쏠하기 때문입니다. 이름 모를 들꽃과 인사를 나눠봅니다. 흘러가는 냇물에 윗동네 이야기를 들으며, 아랫동네에 마음의 소리를 전하기도 합니다.

산책은, 독일의 낭만파 시인인 노발리스Novalis; Georg Friedrich F. von Hardenberg의 말처럼, '낭만화'를 경험하게 합니다. 낭만화란 '일상적인 것에서 고귀한 의미를, 평범한 것에서 삶의 존엄을 경험하는 신비'를 말합니다. 천천히 걸으며, 멀리 바라보며, 큰 숨 한번 쉬어 보며, 산책을 통해 세상을 찬찬히 바랍니다. 발견할 수 없었던 것을 발견합니다. 또 세상은 별것 아니라 여기는 것들에게서 보석 같은 깨달음을 얻습니다. 마치 시인들의 시적 바라봄詩觀처럼, '어나더 레벨Another level'을 경험하는 것입니다.

시인 정현종은 그의 시, 「작은 국화분 하나」에서 이렇게 시선의 확

백 번의 위로 사랑합니다

장을 노래합니다.

> 용달차가 작은 국화분 하나를 싣고 간다.
> …
> 아니다
> 모시고 간다.
> …
> 용달차가 이쁘다.
> …
> 기사도 이쁘다.◆

국화분 하나에 대한 심미적 발견은 시선의 확장을 가능하게 합니다. 그러면 삶의 무게를 여실히 진 듯 달려가는 허름한 용달차도, 그리고 깊게 패인 주름의 용달차 기사도, 모두 예쁘게 볼 수 있다는 것입니다. 아름답지 않은 것 하나 없는 세상을 펼쳐 낼 수 있다는 것입니다.

우리 주님도 그렇게 세상을 사신 것은 아닐까요? 그러니 이런 비유를 말씀하시는 것 같습니다.

◆ 정현종, 「작은 국화분 하나」, 『갈증이며 샘물인』 (문학과지성사, 1999) 중에서

또 비유를 들어 이르시되, 천국은 마치 사람이 자기 밭에 갖다 심은 겨자씨 한 알 같으니, 이는 모든 씨보다 작은 것이로되 자란 후에는 풀보다 커서 나무가 되매 공중의 새들이 와서 그 가지에 깃들이느 니라. 또 비유로 말씀하시되, 천국은 마치 여자가 가루 서 말 속에 갖다 넣어 전부 부풀게 한 누룩과 같으니라. 예수께서 이 모든 것을 무리에게 비유로 말씀하시고 비유가 아니면 아무것도 말씀하지 아 니하셨으니, 이는 선지자를 통하여 말씀하신바 내가 입을 열어 비 유로 말하고 창세부터 감추인 것들을 드러내리라 함을 이루려 하 심이라(마13:31-35).

예수님은 겨자씨 한 알에서, 누룩에서, 아주 평범한 것들에서 천 국을 발견하셨습니다. 그리고 하나님나라의 특징을 우리에게 설명해 주셨던 것입니다. 예리한 관찰자로 일상에서 장엄함을 발견하신 주 님은 모든 사물에 깃들어 있는 매우 놀랍고도 의미심장한 아름다움을 감지했던 것입니다. 창세부터 감춰진 비밀을 말입니다.

예수님께서 가지신 시선의 확장이 부럽습니다. 너무 쉽게 속단하 고, 너무 빨리 포기하지 않기를, 너무 깊이 절망하고 너무 넓게 불안 해하지 않기를 바랍니다. 시인이나 주님만큼은 아니겠지만 평범함과 일상적인 것에서, 또 눈물과 한숨에서도, 하나님의 계획하심과 사랑 을 발견할 줄 아는 심미적인 눈을 가진 우리가 되면 참 좋겠습니다. 그래서 날마다 잔치하듯(잠15:15), 오늘을 천국으로 사는 우리가 되기

백 번의 위로 사랑합니다

를 소망합니다.

    오늘, 우리도 한번 낭만적으로 살아볼까요? 늘 평안하시기를 기도
합니다. 사랑합니다.

스무 번째
위로

　예전 제 어머니가 양 무릎이 아파 더 이상 버틸 수 없어 인공관절 삽입수술을 할 때였습니다. "상억아, 말씀처럼 니도 살거래이." 그래서 가슴 한편 고이 담아둔 말씀이 있습니다.

　그들은 잠시 자기의 뜻대로 우리를 징계하였거니와, 오직 하나님은 우리의 유익을 위하여 그의 거룩하심에 참여하게 하시느니라. 무릇 징계가 당시에는 즐거워 보이지 않고 슬퍼 보이나 후에 그로 말미암아 연단 받은 자들은 의와 평강의 열매를 맺느니라. 그러므로 피곤한 손과 연약한 무릎을 일으켜 세우고, 너희 발을 위하여 곧은 길을 만들어 저는 다리로 하여금 어그러지지 않고 고침을 받게 하라(히 12:10-13).

　하나님을 앞에 두고 신경질을 낼 때가 있습니다. "왜 그러시느냐"고, "내가 뭘 그렇게 잘못했기에 나만 그러시느냐"고, 세상의 모든 고통이 나만 향한 듯 통증과 같은 불안을 느끼게 되면 하나님께 부르짖

백 번의 위로 사랑합니다

습니다. "제발 좀 그냥 내버려 두시라"고, "그냥 좀 살려주시면 안 되느냐"고 하소연합니다.

하나님의 뜻이 무엇인지 모르지만, 어떤 의도와 계획으로 그러시는지 알 길이 없지만, 저는 히브리서의 이 말씀을 믿습니다. 나의 유익을 위해 지금 힘든 것임을 믿습니다. 의와 평강의 열매를 맺을 날을 나에게 분명히 보게 하실 하나님이시니까요. 그래서 말씀이 권면한 대로 피곤한 손과 연약한 무릎을 일으켜 곧은 길을 만드는 사람이 되자고 다짐해 봅니다.

아흔이 넘어 늙은 아들에게 시 쓰는 것을 배워 100세에 시집을 낸 시인, 시바타 도요柴田トヨ 할머니의 격려를 떠올려 봅니다.

나도 괴로운 일
많았지만
살아 있어 좋았어

너도 약해지지 마*

할머니가 살아내신 온갖 풍파의 백 년 세월, 그 세월의 무게가 느

♦ 시바타 도요, 「약해지지 마」, 『약해지지 마』 (지식여행, 2013) 중에서

껴집니다. "약해지지 마" 너무나 단순한 문장이 "쿵" 하고 제 마음을 칩니다. 할머니 말씀처럼 살다 보면, "살아 있어 좋았어!" 말하는 날이 오겠지요? 억지로 이를 악물고서 "고맙습니다." 말하는 인생이 아니라, 저절로 "고맙습니다." 고백하는 날이 오겠지요?

오늘 이 하루를 또 삽니다. 너무너무 불안해 진절머리 나는 오늘이지만, 하나님이 잘해주실 거라 믿으며 삽니다. 누군가를 위해 길을 내는 오늘을 만들어 봅니다. 지쳐 쓰러지기 전에 그저 하나님이 잘해주시길 기도합니다. "사랑하는 하나님, 도와주세요."

백 번의 위로 사랑합니다

제 4 부

◆

오늘이

슬픈

당신을 위한 위로

첫 번째
위로

🕯

부활절에서 오순절 성령 강림일까지 50일을 '기쁨의 50일' 혹은 '기쁨의 대축일大祝日'이라고 합니다. 부활신앙을 가진 우리는 이를 좀 더 확대해서 우리의 삶에 적용해야겠습니다. 우리 주님께서 다시 오실 그 날까지 기뻐하는 것으로 말입니다.

이르되 큰 은총을 받은 사람이여, 두려워하지 말라. 평안하라, 강건하라, 강건하라. 그가 이같이 내게 말하매 내가 곧 힘이 나서 이르되, 내 주께서 나를 강건하게 하셨사오니 말씀하옵소서(단10:19).

하나님께서 다니엘을 강건하게 하신 것처럼, 날마다 부활의 감동으로 매일을 '기쁨의 50일'로 만들어 사는 우리가 되면 참 좋겠습니다.

물론 우리가 처한 상황은 우리를 슬프게 합니다. 온 세상이 감염증으로 고통을 받고, 무수한 질병에 시달립니다. 또 많은 나라가 자연

재해와 전쟁으로 몸살을 겪습니다. 솔직히 사람으로 할 수 있는 일이 많지 않다는 무기력을 느낍니다. 게다가 우리 스스로가 자초한 잘못과 욕심으로 발생한 환경 재앙과 인간관계의 갈등, 불신과 비도덕, 상대적 약자의 시름과 고통, 빈익빈 부익부... 언감생심 기쁨을 말한다는 것은 제정신이 아닌 듯 여겨질 일입니다.

하지만 기쁨은 상황에 대한 반응으로서의 인간 정서만은 아닙니다. 기쁨이 곧 믿음의 고백이기 때문입니다(빌4:4-7; 살전5:16-18). '내'가 기쁘면 기뻐하고, '내'가 기쁘지 않으면 기뻐하지 않는 것이 아니라, '하나님'을 믿기에 날마다 기쁠 수 있는 것입니다. 부활의 신앙을 담고 살기에 기쁠 수 있는 것입니다.

바벨론의 느브갓네살과 벨사살, 메데의 다리오, 바사의 고레스... 시대와 역사는 바뀌지만 다니엘은 한결같이 쓰임을 받았습니다. 풀무불과 사자 굴에 던져지기도 하고, 수많은 어려움에 처하기도 했지만, 하나님께 집중했던 믿음을 잃지 않았기 때문입니다. 그래서 큰 은총을 받은 사람이었다는 평가를 받게 된 것입니다.

저는 사랑하는 당신이 다니엘처럼 큰 은총을 받는 사람이시기를 기도합니다. 주님께서 주시는 능력으로 힘을 얻어, "하나님, 말씀하세요. 제가 듣겠습니다." 부르심에 응답하는 은총의 사람이 되시기를 기도합니다. 눈에 눈물이 나고 입엔 한숨이 가득할지라도, 하나님을 위해, 또 누군가의 풍성함을 위해 살 수 있는 좋은 분으로, 누군가에게

'좋은 만남'이란 선물을 전해주는 참 좋은 사람이 되어주시면 참 좋겠습니다. 하나님께서 시대와 역사가 바뀌어도 그런 당신을 사용하실 겁니다. 그러니 우리도 슬프지만 누군가의 눈물을 닦아주는 오늘을 살 수 있기를 소망합니다. 사랑합니다.

가장 아름다운 만남은 손수건과 같은 만남이다
힘이 들 때는 땀을 닦아주고 슬플 때는 눈물을 닦아주니까✦

✦ 정채봉, 「만남」, 『처음의 마음으로 돌아가라』 (샘터, 2006) 중에서

백 번의 위로 사랑합니다

두 번째
위로

밥값을 하라는 말이 있습니다. 밥을 먹었다면, 어떤 혜택을 받았다면, 응당 그에 따른 값을 치러야 한다는 말입니다. 한 해, 두 해, 해를 거듭하며 나이를 먹습니다. 나이도 먹는 것이니 값을 치르듯 나잇값도 해야겠다는 생각을 합니다. 나이에 걸맞은 책임감을 무겁게 가져야겠습니다.

종종 연세 드신 어른들이 연령에 따라 지나가는 세월에 대한 체감 속도가 다르다는 말씀을 합니다. 20대엔 시속 20km, 50대엔 시속 50km, 70대엔 시속 70km로 세월이 흘러간다고 합니다. 우스개처럼 하는 농담이지만 농담으로 들리지 않는 것을 보면 저도 빨라지는 체감 속도를 좀 느끼는 것 같습니다. 이제야 허비한 시간들이 아까워지니 말입니다. 좀 더 일찍 시간의 무서움을 알았더라면 좀 더 빨리 대비하며 살았을 텐데 하는 아쉬움을 갖습니다.

최승자 시인도 그랬나 봅니다. 그러니 자신의 시, 「가을」에서 이렇게 말한 것 같습니다.

세월만 가라, 가라 그랬죠.

그런데 세월이 내게로 왔습디다.

내 문간에 낙엽 한 잎 떨어뜨립디다.

가을입디다.

그리고 일진광풍처럼 몰아칩디다.

...✦

부끄럽지만 시인처럼 저도 세월이 빨리 지나가기를 바라고 원한 적이 있었습니다. 그런데 이제야 '좀 더 일찍 사랑하고, 좀 더 일찍 사모할 것을...' 하고 일진광풍처럼 휘몰아치는 회한에 쓸쓸함을 느끼니 모자란 사람임이 분명합니다.

아주 짧지만 대단히 분명하게 우리를 일깨우는 말씀이 있습니다. 마태복음 25장 13절의 말씀입니다.

그런즉 깨어 있으라. 너희는 그 날과 그 때를 알지 못하느니라.

이 말씀의 앞부분은 기름을 준비한 슬기로운 사람들에 대해, 뒷부분은 달란트를 받아든 종들에 대해 소개합니다. 그리고 깨어있음의 의미를 말하며 그 날과 그 때를 대비하는 지혜를 권면합니다.

✦ 최승자, 「가을」, 『내 무덤 푸르고』(문학과지성사, 1993) 중에서

백 번의 위로 사랑합니다

늦었다 여겨지는 그때가 바로 가장 빠른 때라지요? 흘러간 시간에 대해 아쉬워하기보단 지금 당장이라도 딛고 일어나 뭐라도 해야겠습니다. 한숨 쉬며 안타까워하기보다 지금 할 수 있는 일에 최선을 다하며 움직여 봐야겠습니다. 그저 바라기는 그 날과 그 때가 가까워질수록 우리가 지켜야 할 마땅한 본분을 잊지 않고 열심히 살아낼 수 있기를 소망해 봅니다.

한신교회 이중표 목사님은 살며 별세를 노래했습니다. 한 방송매체 인터뷰에서 목사님은 이렇게 말했습니다.

우리말로 별세別世는 이 세상을 이별한다는 '죽음'과, 우리가 현재 살고 있는 세상과는 다른 '특별한 세상'이라는 두 가지 뜻을 가지고 있습니다. 따라서 제가 말하는 별세는 그 둘을 함께 의미합니다. 예수 그리스도와 함께 죽고 예수 그리스도와 함께 사는 세상, 그것이 별세입니다. 따라서 별세는 예수 그리스도 안에서 이루어지는 십자가와 부활의 사건을 한데 아우르는 개념입니다. 대부분의 문제는 자기가 죽지 못해 발생합니다. 목회자가 죽지 못해 교인들을 교회 성장을 위한 수단으로 삼고, 직분자들이 죽지 못해 교회를 혼란스럽게 만들고, 교인들이 죽지 못해 세상의 빛과 소금의 역할을 하지 못합니다. 모두가 다른 사람 탓만 하지, 문제가 자기 자신임을 깨닫지 못합니다. 예수님의 십자가는 자기가 죽어 세상을 살리는 것입니다. 그래서 별세신앙은 예수님의 십자가를 본받아 내가 먼저 양보하고 내가 먼저 죽자는 운동입니다.

슬픔에 함몰된 인생이 아니라 슬픔의 한가운데에서도 깨어 있을 수 있는 우리가 되기를 기도합니다. 잠을 자도, 밥을 먹어도, 길을 걸어가거나, 일을 할 때에도, 그 날과 그 때를 알지 못하는 인생이니 언제나 깨어 있는 슬기로운 사람이 되기를 소망합니다. 그렇게 살다 보면 문간에 휘몰아치듯 우리가 사모하는 주님이 서 계실 날이 이를 겁니다. 마귀에게 틈을 주지 않도록 힘내세요(엡4:27). 사랑합니다.

세 번째
위로

성경을 보면 '이스라엘 백성들은 정말 우리네 성정과 흡사하구나!' 하는 생각을 하곤 합니다. 쉽게 흥분하고 쉽게 가라앉듯 쉽게 열광했다 쉽게 원망하기 때문입니다. 출애굽기 15장 24-25a절에도 이스라엘 백성들은 모세를 원망했습니다. 바로 얼마 전에 열 가지 재앙과 홍해를 건너는 기적을 경험하며 감탄했으면서도, 마실 물이 쓰다고, 먹을 수가 없다고 짜증을 낸 것입니다.

백성이 모세에게 원망하여 이르되, 우리가 무엇을 마실까 하매, 모세가 여호와께 부르짖었더니, 여호와께서 그에게 한 나무를 가리키시니 그가 물에 던지니 물이 달게 되었더라.

좋은 일이 생기면 하나님이 도우셨다며 즐거워하다, 조금만 힘들면 목소리 높여 하나님을 원망합니다. '아니, 왜 그렇게 살지? 그냥 좀 진득하게 살면 안 되나?' 이런 생각이 들지만, 가만 보면 똥 묻은 개가 겨 묻은 개를 나무란다고, '너나 잘하세요!' 하는 생각이 듭니다.

문제를 해결하기 위해 또 병을 고치고 회복되기를 바라는 마음에서 기도할 때가 많습니다. 당장의 아픔이 싫기 때문입니다. 고통이 달가운 인생은 존재하지 않을 테니 하나님께서 이런 처지를 아신다면 제발 고쳐주시기를 간구합니다. 이런 우리에게 25b-26절에서 하나님은 마치 지금 당장 경험하는 인생의 무게가 아무것도 아니라는 듯 원리 원칙을 말씀합니다.

> 거기서 여호와께서 그들을 위하여 법도와 율례를 정하시고 그들을 시험하실새 이르시되, 너희가 너희 하나님 나 여호와의 말을 들어 순종하고 내가 보기에 의를 행하며 내 계명에 귀를 기울이며, 내 모든 규례를 지키면, 내가 애굽 사람에게 내린 모든 질병 중 하나도 너희에게 내리지 아니하리니, 나는 너희를 치료하는 여호와임이라.

말씀은 하나님께 순종하며 의를 행하고 규례를 지키라고 권면합니다. 그러면 질병에서 자유롭게 될 것이라고 말씀합니다. 하나님의 말씀이 마치 수학 공식 같습니다. 이해되진 않지만 일단 삶의 문제를 말씀에 대입해 봅니다. 그러면 언젠가는 치료하는 하나님께서 해결하시고 치료하실 테니까요.

일단 삶의 문제에 대해 짜증 내지 않고 하나님의 말씀대로 살아보면 어떨까요? 사랑하는 당신께 시편 126편을 권면합니다. 한번 읽어

백 번의 위로 사랑합니다

보세요. 이 시를 일컬어 '고통지기의 노래'라고 합니다. 말 그대로 '고통을 짊어진 사람들의 노래'라는 말이긴 하지만, 보다 정확히는 '고통을 친구로 둔 사람들의 노래'라는 뜻입니다.

북이스라엘은 앗수르에, 그리고 남유다는 바벨론에 멸망했습니다. 특히 남유다의 멸망은 예루살렘의 멸망이었습니다. 많은 사람들이 포로로, 종으로 끌려갔습니다. 도시는 폐허가 되었습니다. 하지만 눈물의 선지자 예레미야의 예언처럼(렘29장) 히브리 백성들은 70년 만에 고향으로 돌아올 수 있었습니다. 하지만 첫 번째 귀환에서 세 번째 귀환까지는 대략 35년의 세월이 걸렸습니다. 그러니 백 년의 세월이 걸려 사람들은 고향으로 돌아올 수 있었던 것입니다. 이 긴 세월 동안 히브리인들은 고통지기의 노래를 부르며 돌아온 사람이나 남겨진 사람들을 위로했습니다.

눈물을 흘리며 씨를 뿌리는 자는 기쁨으로 거두리로다. 울며 씨를 뿌리러 나가는 자는 반드시 기쁨으로 그 곡식 단을 가지고 돌아오리로다(시126:5-6절).

비록 눈물 나는 현실이지만 마땅히 해야 할 일을 묵묵히 하자고 말씀은 권면합니다. 그렇게 살아내면 기쁨으로 거둘 날을, 곡식 단을 들고 돌아올 날을 하나님이 주실 것이라고 위로했던 것입니다.

우리 하나님은 치료하는 하나님입니다. 그러니 우리를 고쳐주실 것입니다. 우리 인생의 매니저이신 하나님께서 알아서 하실 테니, 하나님께 맡기고 살아야겠습니다. 하고 싶은 말도 많고 쏟아 내고픈 속상한 마음도 크지만, 그냥 슬픈 채로 살아보면 좋겠습니다. 어쩌면 이렇게 사는 것이 우리 몸을 아름답게 채색하는, 영적인 단풍을 아름답게 물들이는 것은 아닐는지요? 오늘 우리의 슬픔을 알록달록 예쁜 단풍으로 만들어 세상을 아름답게 하면 좋겠습니다.

　　사랑합니다. 우와~

네 번째
위로

슬픔은 나쁜 것이 아닙니다. 그러니 슬플 때 슬퍼하세요. 다만 그 감정의 노예가 되어서는 안 됩니다. 모든 감정이 마찬가지이지요. 기쁨을 좋은 감정이라 여기지만 기쁨의 노예가 되면 쾌락과 허상을 좇는 일장춘몽의 삶을 살게 됩니다. 분노도 그렇습니다. 나쁘다며 싫어하는 감정이지만 분노는 열정과 끈기의 원동력이 되기도 합니다. 그러니 감정 자체에 대한 가치판단보다는 감정을 어떻게 다루는지가 아주 중요한 것입니다.

미국의 철학자이자 심리학자인 윌리엄 제임스William James 역시 자신의 책, 『종교적 경험의 다양성』에서 슬퍼하는 마음의 중요성에 대해 말합니다. 비록 세상은 긍정적인 마음을 원하지만 그것만 바라다 보면 지혜와 깨달음에서부터 멀어지게 될 것이라고 경고합니다. 오히려 세상의 이치와 깊은 깨달음의 원동력으로 슬픔을 지목합니다. 지혜가 그곳에서 발현된다고 본 것입니다.

어쩌면 가장 큰 슬픔의 장소는 임종의 순간이 아닐까 싶습니다. 세상을 떠나게 되면, 사랑하는 사람들을 두고 가야 한다면, 슬퍼하지 않는 사람은 없을 것입니다. 하지만 그 순간이 어쩌면 가장 아름다운 지혜가, 가장 빛나는 깨달음이 전해지는 순간은 아닐까요?

성경에 나오는 수많은 인물 가운데, 열 손가락 안에 꼽히는 사람 중 하나는 분명 다윗일 겁니다. 그가 이제 세상을 떠나게 되었습니다. 아들 솔로몬에게 하고 싶은 말이 있었습니다. 어쩌면 다윗의 마음에 담긴 가장 중요한 말이거나, 꼭 전하고픈 가장 소중한 지혜였을 것입니다. 다윗은 이렇게 아들에게 부탁합니다.

> 내가 이제 세상 모든 사람이 가는 길로 가게 되었노니, 너는 힘써 대장부가 되고, 네 하나님 여호와의 명령을 지켜, 그 길로 행하여 그 법률과 계명과 율례와 증거를 모세의 율법에 기록된 대로 지키라. 그리하면 네가 무엇을 하든지 어디로 가든지 형통할지라(왕상 2:2-3).

최후의 순간, 아들에게 전하는 유언의 첫 마디… 아마 가장 많이 생각하고 있었거나, 가장 중요하게 여기는 말일 겁니다. 이 말과 함께 다윗은 아들 솔로몬에게 몇 가지를 더 말합니다. 그것은 남겨질 아들 솔로몬의 생존과 왕권 보전을 위해 꼭 필요한 정치적 책략이었습니다. 어쩌면 아들 솔로몬의 성공적인 왕권 계승은 물론 나라 이스라엘의 안정과 번영을 위해 꼭 필요한 계략들이었을 것입니다. 그러나 숨이 넘어가는 절체절명의 순간, 다윗이 말했던 것은 대장부가 되어 하

백 번의 위로 사랑합니다

나님의 명령을 지키라는 것이었습니다. 하나님의 말씀대로만 살면 형통을 경험하게 될 것이라고 자신의 삶의 기준을 나눠준 것입니다.

물론 세상을 살며 잘못도 하고 범죄도 저질렀던 다윗입니다. 하지만 세상 사는 마지막 순간까지 하나님을 놓지 않았던 다윗은 "힘써 대장부가 되어 하나님의 명령을 지키고 그 길로 행하라"는 유훈을 남기고 하나님의 품에 안깁니다.

다윗이 아들 솔로몬에게 한 당부는 성경에 기록되며 공공성을 갖게 되었습니다. 비록 우리는 솔로몬처럼 왕이 될 사람도 아니고, 그렇게 대단한 지혜의 인물이지도 아니지만, 일생 반듯한 몸과 마음, 또 온전한 영성으로 세상 끝날까지 다윗의 당부를 지켜내면 좋겠습니다. 알량한 '내 생각', '내 욕심', '내 지식'에 마음 팔려 하나님을 잊지 않기를... 언제나 하나님을 가장 먼저 생각하는 우리가 되면 참 좋겠습니다. 다윗의 빛나는 지혜의 권면이 오늘이 슬픈 우리의 마음에 큰 지혜로 다가올 수 있기를 소망해 봅니다. 사랑합니다.

다섯 번째
위로

먼저 에스겔서 28장 2-5절의 말씀을 같이 읽어 보면 좋겠습니다. 하나님께서 에스겔에게 일러주시는 예언의 말씀입니다.

인자야, 너는 두로 왕에게 이르기를, 주 여호와께서 이같이 말씀하시되 네 마음이 교만하여 말하기를, 나는 신이라, 내가 하나님의 자리 곧 바다 가운데에 앉아 있다 하도다. 네 마음이 하나님의 마음 같은 체할지라도 너는 사람이요, 신이 아니거늘 네가 다니엘보다 지혜로워서 은밀한 것을 깨닫지 못할 것이 없다 하고, 네 지혜와 총명으로 재물을 얻었으며 금과 은을 곳간에 저축하였으며 네 큰 지혜와 네 무역으로 재물을 더하고 그 재물로 말미암아 네 마음이 교만하였도다.

성경 에스겔서에는 하나님만이 하나님이심을 증명하는 말씀들로 가득합니다. 이 말씀 역시 하나님께서는 선지자 에스겔을 통해 분명히 말씀합니다. 하나님의 자리에 앉고자 했던 교만한 두로 왕이 아무

백 번의 위로 사랑합니다

리 대단하다 해도 그는 다만 사람이며, 그의 총명이 아무리 높다 해도 그저 사람의 지혜일 뿐임을 분명히 가르쳐 줍니다.

예언의 말씀을 앞에 두고 강 건너 불 보듯 할 수 없다는 생각이 듭니다. 겸손히 말씀 앞에 우리를 세워보면 좋겠습니다. 두로 왕과 다를 바 없는 우리이니 말입니다. 그동안 "내가 모든 것을 이루었다"며 스스로를 높였던 어리석음을 슬퍼하며 회개하면 좋겠습니다. 마치 하나님도, 죽음도, 다가올 심판의 날도 없는 듯, 잊은 듯, 생각 없이 살아온 교만과 세상의 문제에 대해 나와는 상관없다 생각해 온 염치없음도 슬퍼하면 좋겠습니다. 나라의 어려움과 교회의 타락에 대해 가슴 치며 뉘우치지 않았음을 회개하는 우리가 되기를, 슬퍼하는 자리로 우리를 이끌 수 있기를 기도합니다.

하나님, 내가 계획하고, 내가 일을 하고, 내가 성취하고, 그러니 내가 누려야 할 당연한 복이며, 내가 누려야 할 너무나 마땅한 편안함이라 여겨왔던 나의 교만을 회개합니다. 슬픔의 날이 오고서야 비로소 깨닫는 무지한 인생임을 회개합니다. 하나님, 연약한 인생을 불쌍히 여겨주세요.

작아지자 작아지자
아주 작아지자
작아지고 작아져서

마침내는 아무것도 없어지게 하자
자신을 지키려는 수고도
작아지면 아주 작아지면 텅 비어 여유로우니
내 사랑의 시작은 작아지는 것이요
나의 성숙은 더욱 작아지는 것이며
나의 완성은 아무것도 없어지는 것
작아지자 아주 작아지자
...◆

시를 쓰며 작아지기를 원했던 박노해 시인처럼 살 수 있기를 간절히 소망해 봅니다.

욕심과 교만에 슬픔을 더해 곤두선 밥알처럼 내 생각으로 튀어 나가기 일쑤인 삶을 누그러뜨릴 수 있기를, 우리 하나님의 말씀을 통해 언제나 우리를 살펴볼 수 있기를 기도합니다. "주님, 도와주세요. 슬픔 속에서도 하나님을 찾는 사람이 되게 해 주세요."

◆ 박노해, 「작아지자」, 『참된 시작』 (느린걸음, 1993) 중에서

백 번의 위로 사랑합니다

여섯 번째
위로

우리가 참 잘 알고 있는 비유가 있습니다. 선한 사마리아인의 비유입니다. 누가복음 10장 29-37절의 말씀을 먼저 찬찬히 읽어 보세요.

그 사람이 자기를 옳게 보이려고 예수께 여짜오되, 그러면 내 이웃이 누구니이까. 예수께서 대답하여 이르시되, 어떤 사람이 예루살렘에서 여리고로 내려가다가 강도를 만나매 강도들이 그 옷을 벗기고 때려 거의 죽은 것을 버리고 갔더라. 마침 한 제사장이 그 길로 내려가다가 그를 보고 피하여 지나가고, 또 이와 같이 한 레위인도 그곳에 이르러 그를 보고 피하여 지나가되, 어떤 사마리아 사람은 여행하는 중 거기 이르러, 그를 보고 불쌍히 여겨 가까이 가서 기름과 포도주를 그 상처에 붓고 싸매고 자기 짐승에 태워 주막으로 데리고 가서 돌보아 주니라. 그 이튿날 그가 주막 주인에게 데나리온 둘을 내어 주며 이르되, 이 사람을 돌보아 주라, 비용이 더 들면 내가 돌아올 때에 갚으리라 하였으니, 네 생각에는 이 세 사람

중에 누가 강도 만난 자의 이웃이 되겠느냐. 이르되 자비를 베푼 자니이다. 예수께서 이르시되, 가서 너도 이와 같이 하라 하시니라.

예수님께 한 사람이 찾아왔습니다. 율법 교사인 그 사람은 예수님께 이렇게 질문합니다. "내 이웃이 누구입니까?" 그가 이 질문을 한 이유는 자기를 옳게 보이기 위함이었습니다. 이 질문에 대해 예수님은 선한 사마리아인의 비유를 들어 대답합니다. 비유에는 제사장과 레위인, 그리고 사마리아인이 등장합니다.

세 사람 모두 예루살렘을 떠나 여리고로 향하고 있었습니다. 예루살렘은 시온 산에 건설된 도시이며 이 시온 산꼭대기 인근에 예루살렘 성전이 있었습니다. 예루살렘 성전은 해발 약 900m에 있었고, 여리고는 해수면보다 약 300m 아래에 있었습니다. 당시 이스라엘 전역을 다스리던 로마 사람들은 예루살렘에서 여리고로 내려가는 이 골짜기를 '붉은 피가 흐르는 골짜기'라고 불렀습니다. 빛을 받은 토양이 붉은빛을 띠기도 했지만, 그 길에 강도가 많아 무고한 사람들이 물건을 빼앗기고 죽거나 다쳤기 때문입니다.

여호수아 6장을 보면 여리고는 가나안으로 들어간 백성들이 가장 먼저 점령해야 했던 도시였고, 엘리야의 제자인 엘리사가 이곳에서 선지자 양성학교를 만들었는데, 이로 인해 여리고에는 레위인 집단 거주촌이 형성된 곳이기도 합니다. 예수님께서 세리 삭개오를 만나셨던 곳이기도 합니다.

백 번의 위로 사랑합니다

역사가 요세푸스는 예루살렘에서 여리고로 내려가는 길에 강도가 많았던 이유를 제사장과 레위인의 타락 때문이었다고 지적합니다. 당시 제사장과 레위인들은 경건하고 청빈한 삶을 살지 않았습니다. 예루살렘 성전에 바쳐진 예물 중에서 많은 것을 착복했기 때문입니다. 그리고 하나님의 것을 도둑질한 재물을 성전에서 자기 집으로 갖고 내려갈 때가 많았다는 것입니다.

제사장과 레위인은 왜 강도 만난 사람을 보고 그 사람을 피해서 지나갔을까요? 성결 규정이 있는 레위기 21장 1절과 11절을 보면 제사장들은 시체를 가까이해서는 안 된다고 말합니다. 따라서 제사장과 레위인은 이 규정을 범하고 싶지 않았을 겁니다. 하지만 오늘 말씀을 원문 성경으로 읽어보면 굉장히 재미있는 문구를 발견합니다. 그리고 조금 다른 해석을 가능하게 합니다. 30절을 보면 예수님께서 "어떤 사람이 예루살렘에서 여리고로 내려가다가"라고 말씀하십니다. 그리고 31절에는 "마침 한 제사장이 그 길로 내려가다가"라고 적혀있습니다. 반복되는 '내려가다가'라는 단어는 '어떤 목적을 가지고, 서둘러 지나가는 형국'을 뜻합니다. 쉽게 말하면 목적 지향적인 모습을 나타내는 것입니다. 이것은 32절의 "또 이와 같이"라는 단어와 연결되기에, 레위인 역시 그 지역을 서둘러 지나가며 어떤 목적을 수행하고자 했던 것으로 여겨집니다. 그렇다면, 강도 만난 사람, 제사장, 레위인, 이들의 공통된 목적은 무엇이었을까요? 본문이 말하는 바를 요세푸스의 역사 인식에 기초해 생각해 보면, 제사장과 레위인이 왜 죽어가는 강도 만난 사람을 피해 지나갔을까를 어느 정도 가늠할 수 있습니다.

하지만 사마리아 사람은 강도 만난 사람을 도와주었습니다. 사마리아는 이스라엘의 분열 이후 오므리 왕조에 의해서 북이스라엘의 수도로 정해진 곳이었습니다. 우상 숭배로 하나님 앞에 범죄를 저지른 도시였습니다. 오므리 왕조의 타락으로 하나님은 북이스라엘을 심판합니다. 앗수르에 의해 사마리아성은 함락되었고 북이스라엘은 멸망합니다. 이때 앗수르 제국은 사마리아에 살았던 북이스라엘 사람들을 노예로 삼고 메소포타미아로 끌고 갑니다. 이후 하나님께서 은혜를 주셔서 앗수르가 무너지면서 북이스라엘 사람들은 고향으로 돌아올 수 있게 됩니다. 하지만 남유다 사람들은 돌아온 북이스라엘 사람들을 향해 "혼합종교와 혼합혈통을 가진 저급한 인생"이라 부르며 이방인보다도 못한 존재로 취급했습니다.

이런 역사적 배경을 생각할 때, 비유이긴 하지만 예루살렘에서 여리고로 내려가는 길에 예수님은 뜬금없이 사마리아인을 등장시킵니다. 이 사마리아인이 예루살렘에서 어떤 봉변을 당했을까요? 아마 유대인들은 이 사람에게 침을 뱉고 욕을 하며 조롱했을 겁니다. 심지어 돌을 던졌을 수도 있었을 겁니다. 여리고에 도착해서도 상황을 비슷했을 겁니다. 왜 그 길에 사마리아인이 있었는지는 의아한 부분이지만, 예수님은 바로 그 역사적 배경을 담은 사마리아인이 강도 만나 죽어가는 사람을 도와주었다고 말씀합니다.

한 가지 대단히 특이한 것은 그 사마리아인이 여행하는 중이었다고 예수님이 말씀했다는 사실입니다(33절). 원어 성경을 보면 "여행하는 중"이라는 단어는 "내려가다가"와 비슷한 말입니다만 그 느낌과 어조는 상반되어 나타납니다. 그 단어 안에 '어슬렁거리며 내려가다'라는 의미가 포함되어 있기 때문입니다. 이곳저곳 쳐다보며 내려갔다는 말입니다. 잘 생각해 보면 이 사마리아 사람이 대단한 것을 알 수 있습니다. 이 사마리아 사람도 그곳이 '붉은 피가 흐르는 골짜기'라는 소문을 들었을 겁니다. 그리고 이 사람에게도 기름과 포도주, 사람을 태울 짐승, 그리고 여비가 있었으니 왜 겁이 나지 않았겠습니까? 그런데 그 길을 서둘러 내려가지 않고 '여행하듯' 내려갔다는 것입니다.

사람들은 '여유'라는 단어를 마치 시간도 있고 돈도 좀 있어야 생각할 수 있는 것으로 여깁니다. 그래서 여유를 가지려면 뭔가 좀 넉넉해야 한다고 생각합니다. 만약 그게 사실이라면 여유는 가능할까요? 아마 불가능할 겁니다. 날마다 전국체전 하듯, 더 빨리, 더 높이, 더 멀리 달려가려는 세상을 살며 여행하듯 살 수 없기 때문입니다.

그리스도인으로 살아간다는 것은 어떤 의미일까를 생각해 봅니다. 목적이 이끄는 삶보다는 여행하는 삶이어야 하는 것은 아닐까 생각해 봅니다. 조금 천천히 또 조금 찬찬히, 사색하듯, 산보하듯, 여행하듯 살면 좋겠습니다. 큰 숨 한 번 쉬고 하늘도 바라보며, 봐야 할 것과 들어야 할 것을 보고 듣는 사람이 되기를 소망합니다. 때로 "우와!" 하고 감탄도 잘하고, "사랑합니다!" 용기 있게 고백도 하며 살아가는 사람이 되기를, "그런 바보가 또 없어!" 핀잔을 들어도 그냥 소풍 온 듯 여행하는 좋은 사람이 되면 좋겠습니다. 그렇게 살려고 노력했던 천상병 시인의 대표작, 「귀천」의 일부를 적어 드립니다. 나지막이 읽어 보세요.

나 하늘로 돌아가리라
노을빛 함께 단 둘이서
기슭에서 놀다가 구름 손짓하면은

나 하늘로 돌아가리라
아름다운 이 세상 소풍 끝내는 날
가서 아름다웠더라고 말하리라◆

◆ 천상병, 「귀천」, 『천상병 전집』 (평민사, 2018) 중에서

백 번의 위로 사랑합니다

일곱 번째
위로

아동문학가 오은영 선생은 「참 어려운 일」이란 동시에서 걸레가 되어보자고 권면합니다. "걸레가 되는 일이다. 너도 나도 더럽다며 멀리해도, 내가 쏟은 김칫국물, 현수가 쏟은 먹물, 제 몸 던져 닦아내는 걸레가 되는 일이다."

시 제목 그대로 참 어려운 일이지요? 스스로 걸레가 되겠다는 사람이 몇이나 될까요? 하지만 이 어려운 일에 도전해 보는 우리가 되면 어떨까 싶습니다. 그러면 하나님께서 걸레가 되기로 작정한 우리를 사용하셔서 세상을 빛나게 닦으실 테니 말입니다. 마찬가지로 그렇지 않아도 서글픈 오늘, 그냥 슬픔이 되기로 작정하면 어떨까 하는 생각도 해 봅니다. 왜냐고요? 그 순간 하나님께서 우리의 슬픔을 사용하셔서 누군가를 위한 희망이 되게 하실 테니 말입니다.

슬픔이 우리를 휘감아 도는 날, 읽어야 할 말씀이 있습니다. 스가랴서 12장 8절의 말씀입니다.

그 날에 여호와가 예루살렘 주민을 보호하리니, 그중에 약한 자가 그 날에는 다윗 같겠고, 다윗의 족속은 하나님 같고, 무리 앞에 있는 여호와의 사자 같을 것이라.

이 말씀은 희망의 부스러기 하나 찾을 수 없는 길거리를 걸으며 나침반을 잃어버린 듯 슬픔으로 방황하는 인생에 주어지는 한 줄기 빛이라는 생각을 합니다. 선지자 스가랴가 바라보았던 세상은 황폐화된 예루살렘이었습니다. 앗수르, 메데, 바벨론과 페르시아에 의해 무참하게 멸망당한 성읍을 바라보며 슬퍼했습니다. 선지자 학개와 함께 성전 재건에 애쓰기는 했지만 그가 경험한 세상은 여전한 절망이었습니다.

그러나 그것으로 다가 아니었습니다. 살아계신 하나님께서 스가랴의 슬픔에 참여하셨습니다. 눈물 가득한 스가랴의 두 눈에 예루살렘의 찬란한 미래를 오버랩시켜 주셨던 것입니다. 눈물 고인 그의 두 눈을 빛나게 하셨던 것입니다. 그렇게 하나님께선 스가랴에게 희망을 전해주셨습니다.

아무리 찾아도 답이 보이지 않는 오늘이지만, 슬픔의 한가운데에서 스가랴에게 희망을 선사하신 하나님께서 오늘도 살아계심을 믿습니다. 사랑하는 당신에게 선한 하나님께서 힘을 주시기를 기도합니다. 너무 서글퍼 마른 걸레처럼 짜도 눈물 한 방울 나올 것 같지 않은 우리네 마른 삶이지만 그 삶 위에 희망을 오버랩시키시는 하나님의 사랑으로 당당하시고 씩씩하시면 좋겠습니다.

　사랑하는 당신을 하나님께서 잘해주실 겁니다. 사랑합니다. 우와~

여덟 번째
위로

일곱 집사 가운데 한 명인 빌립의 행적에 대해 사도행전 8장 4-8 절은 이렇게 기록하고 있습니다.

> 그 흩어진 사람들이 두루 다니며 복음의 말씀을 전할새, 빌립이 사 마리아 성에 내려가 그리스도를 백성에게 전파하니, 무리가 빌립 의 말도 듣고 행하는 표적도 보고 한마음으로 그가 하는 말을 따르 더라. 많은 사람에게 붙었던 더러운 귀신들이 크게 소리를 지르며 나가고 또 많은 중풍병자와 못 걷는 사람이 나으니 그 성에 큰 기쁨 이 있더라.

스데반의 순교 후 예루살렘에 있던 교회에는 큰 박해가 있었습니 다(행8:1-3). 많은 성도들은 박해를 피해 유대와 사마리아 여러 지역 으로 뿔뿔이 흩어졌습니다(1절). 빌립 역시 사마리아로 내몰렸습니다. 자신의 처지는 불가항력적 내몰림이었지만, 성경 원문에 쓰인 빌립의 모습은 쫓기는 사람의 모습이 아닙니다. 복음을 전하러 내려간 포부 당당한 사람으로 묘사하고 있습니다(5절).

당시 사마리아에서는 우상을 섬기는 술객들이 활개치고 있었습니다. 그곳에서 빌립은 예수 이름의 능력을 나타냈습니다. 귀신이 떠나가고 병자들이 고침을 받았던 것입니다. 많은 사람들이 복음을 듣고 세례를 받았습니다. 우상의 땅 사마리아에 큰 기쁨을 불어넣었던 것입니다.

문득 그런 생각이 들었습니다. "고수는 연장을 탓하지 않는다!" 아나스포라Anaspora, 즉 하나 되는 상황이건, 디아스포라Diaspora, 다시 말해 흩어져야 하는 상황이건, 주의 이름을 영광스럽게 하는 자랑스러운 신앙공동체로서 교회ἐκκλεσία를 만들어야겠습니다.

어떤 환경이건, 어떤 처지이건, 우리를 통해 예수의 능력이 세상에 나타나고 그로 인해 만들어진 큰 기쁨이 세상을 찬란하게 할 수 있기를 기도합니다. 빌립처럼 세상을 밝히는 등불이 되면 참 좋겠습니다. 눈물 나는 오늘이라고, 한숨 가득한 인생이라며 주저앉아 있기보다 바로 그 현재를 당당하게 살아내며, 눈물 흘리는 이웃의 눈물을 닦아주며 생명과 평안을 전하는 우리가 될 수 있기를, 그렇게 좋은 그리스도인이 되기를 바랍니다. 하나님이 빌립과 같은 우리로 인해 즐거워하실 테니까요. 우와, 사랑합니다.

아홉 번째
위로

자동차를 산다는 생각을 갖게 되면 길거리 자동차들이 남다르게 다가옵니다. 혹 내게 어떤 관심사가 있다면 그 관심사가 얼마나 크게 다가오는지... 그리고 보면 어떤 것에 관심을 갖는다면 눈앞에 펼쳐지는 세상을 그 관심사로 해석하게 되는 것 같습니다. "뭐 눈에는 뭐만 보인다." 이 말이 그런 뜻인 것 같습니다.

전해 내려오는 이야기인 태조 이성계와 무학대사가 나눈 유명한 대화를 잘 아실 겁니다. 이성계가 무학대사에게 "스님은 돼지 같소이다." 농담을 했더니, 무학대사는 이성계에게 "전하께선 부처님 같습니다." 답을 했다고 합니다. 이성계가 "아니 나는 스님을 돼지라 했는데, 스님은 어찌 나를 부처님 같다고 합니까?" 하자 무학대사가 "돼지 눈에는 돼지만 보이고, 부처 눈에는 부처만 보이는 법이지요."라고 말했다지요.

아무래도 우리 마음을 잘 관리해야겠습니다. 분노가 가득하면 온통 화낼 일 천지고, 실망하는 마음뿐이라면 삶이 허무해지니 무엇을 마음에 두고 사는지, 무슨 생각을 하는지, 자신을 돌아보며 마음을 잘 관리해야겠습니다. 예수님도 비슷한 말씀을 요한복음 9장 39-41절에서 합니다.

예수께서 이르시되 내가 심판하러 이 세상에 왔으니 보지 못하는 자들은 보게 하고, 보는 자들은 맹인이 되게 하려 함이라 하시니, 바리새인 중에 예수와 함께 있던 자들이 이 말씀을 듣고 이르되 우리도 맹인인가. 예수께서 이르시되 너희가 맹인이 되었더라면 죄가 없으려니와 본다고 하니 너희 죄가 그대로 있느니라.

마음에 담긴 생각이 다르니 이렇게 대화도 엇박자를 냅니다. 예수님의 생각은 온통 천국이며 구원인데, 바리새인들의 마음엔 온통 예수님을 없애려는 생각밖에 없으니 말입니다. 볼 수도 들을 수도 없어도 간절함과 순전한 마음을 가진다면 메시아를 보고 들을 텐데, 스스로의 생각과 신념에 사로잡혀 자신의 눈앞에 누가 있는지도 모르고 그가 무엇을 말하는지 도통 듣질 않으니 그것이 정말 안타깝다는 생각을 합니다.

말씀을 반면교사 삼아 우리 마음에 행여 딱딱해진 부분이 있다면 묵은 땅을 기경하는 마음으로 말랑말랑하게 만들어야겠습니다. 그래서 생명도 품고, 품은 생명도 풍성하게 자라게 할 수 있어야겠습니다 (호10:12).

그저 바라기는 우리의 마음과 생각에 온통 예수님이면 좋겠다 싶습니다. 세상이 알아주지 않아도, 또 마땅히 받아야 할 보상을 받지 못해도, '그저 예수님이면 됩니다'며 예수님으로 기뻐하는 우리가 되면 좋겠습니다. "그대가 곁에 있어도 나는 그대가 그립다"는 시인 류시화의 시구처럼 예수님을 그리워하는 우리를 하나님이 잘해주실 겁니다. 사랑합니다.

열 번째
위로

예수님은 스스로를 길이요, 진리요, 생명이라고 선언했습니다(요 14:6). 그래서 복음은 때로 배타적으로, 심지어 호전적인 것으로 여겨지기도 합니다(마10:34). "예수천당, 불신지옥"이라는 극단적 이분법도 가능합니다. 진리를 진리라고 말하게 되는 순간 경험할 수밖에 없는 숙명입니다.

하지만 예수님은 진리를 선언하신 것에서 그치지 않으셨습니다. 십자가를 지셨습니다. 그의 희생을 통해 두 동강이 난 세상이 하나가 되고 화평하게 된 것입니다. 이것을 성경은 이렇게 설명합니다.

그는 우리의 화평이신지라. 둘로 하나를 만드사 원수 된 것 곧 중간에 막힌 담을 자기 육체로 허시고, 법조문으로 된 계명의 율법을 폐하셨으니, 이는 이 둘로 자기 안에서 한 새 사람을 지어 화평하게 하시고, 또 십자가로 이 둘을 한 몸으로 하나님과 화목하게 하려 하심이라. 원수 된 것을 십자가로 소멸하시고, 또 오셔서 먼 데 있는 너희에게 평안을 전하시고 가까운 데 있는 자들에게 평안을 전하셨으니, 이는 그로 말미암아 우리 둘이 한 성령 안에서 아버지께 나아감을 얻게 하려 하심이라(엡2:14-18).

신앙은 분명 배타적입니다. 오직 예수님께만 구원과 영생의 길이 있기 때문입니다. 그래서 신앙은 열정Passion으로 보입니다. 그러나 무엇에 홀린 듯 육체의 욕심을 따라 사는 그런 종류의 열정이 아닙니다(갈5:14-16). 열정에 열정을 더하면 긍휼Compassion이라 말하듯, 신앙은 예수님의 십자가의 가르침처럼 자신을 허무는 희생과 섬김으로 평화를 이루어 가는 긍휼이어야 함을 잊지 않아야겠습니다.

신앙을 신앙답게 하는 오늘 하루가 되기를 기도합니다. 신앙을 그저 막연한 신념이나 차가운 법조문쯤으로 전락시키지 않도록 우리 스스로를 주님의 십자가에 못박으며 세상을 긍휼히 여길 줄 아는 좋은 그리스도인으로 우뚝하면 좋겠습니다. 우리 주님께서 기뻐하시고 신뢰하시는 바로 그 사람이 되면 참 좋겠습니다. 함께 힘내요, 우리.

사랑합니다.

열한 번째
위로

하나님께서 원하시는 사람다움이란 무엇일까요? 미가서 6장 6-8절은 이렇게 정의합니다.

내가 무엇을 가지고 여호와 앞에 나아가며 높으신 하나님께 경배할까. 내가 번제물로 일 년 된 송아지를 가지고 그 앞에 나아갈까. 여호와께서 천천의 숫양이나 만만의 강물 같은 기름을 기뻐하실까. 내 허물을 위하여 내 맏아들을, 내 영혼의 죄로 말미암아 내 몸의 열매를 드릴까. 사람아, 주께서 선한 것이 무엇임을 네게 보이셨나니 여호와께서 네게 구하시는 것은 오직 정의를 행하며 인자를 사랑하며 겸손하게 네 하나님과 함께 행하는 것이 아니냐.

미가서의 말씀을 앞에 두고, 가면과 치장, 가식과 과시, 자기연민과 변명, 거짓과 위선... 이런 모습의 옹졸한 우리 자신을 반추해 보면 어떨까요? '어쩔 수 없잖아요. 사람이 다 그렇지 않나요?' 자신도 모르게 포기한 채 살아온 나쁜 습관이 있다면 그것도 반성해야겠습니다. 허울 좋은 학위증과 자격증, 빼곡하게 적은 이력서와 프로필에 취한 듯, '그동안 주님을 위해 이만큼 일하지 않았느냐'며 떠벌리고 싶은 경력과 자랑하고 싶은 알량한 일들... 육신의 정욕과 안목의 정욕, 이생의 자랑을 내려놓는 우리가 되면 좋겠습니다(요일2:16).

우리는 모두 하늘을 바라다 결국 하늘로 돌아갈 사람들인데, 왜 그리 땅만 바라보고 이 땅의 일에 안달복달했던 것일까요? 그냥 하나님께서 원하시는 사람다움을 사는 하늘의 사람으로 살 수 있기를 바랍니다. 조금 더 손해 보며, 조금 더 이해하고, 조금 더 애틋하게, 또 조금 더 따뜻하게 살 수 있으면 참 좋겠습니다.

욕심과 교만에 자꾸만 기울어지는 우리이니, 사람답게 살자는 말조차 어렵게 여겨집니다. 하지만 우리가 사람이란 사실을 잊지 않고 하나님을 기억하면 사람다운 사람으로 사는 길이 멀지만은 않을 거예요. 그러니 오늘 사람답게 살아요, 우리.

우와, 사랑합니다.

열두 번째
위로

이만기 교수가 선수 시절 씨름판에서 상대 선수였던 강호동에게 한 말이 예능 프로그램에서 농담처럼 입에 오르내리곤 합니다. "깝죽대지 마라."

같은 말은 아니지만 하나님이신 예수님이 이 땅에 오셔서 만나셨던 종교지도자들의 이중적 행태가 얼마나 같잖으셨을까요? 그래서 바리새인과 서기관들이 예수님의 제자들이 장로들의 전통을 따라 떡 먹을 때 손을 씻지 않는다는 이유로 타박했을 때 예수님은 이렇게 말씀했습니다.

이 백성이 입술로는 나를 공경하되 마음은 내게서 멀도다. 사람의 계명으로 교훈을 삼아 가르치니 나를 헛되이 경배하는도다 하였느니라 하시고, 무리를 불러 이르시되 듣고 깨달으라. 입으로 들어가는 것이 사람을 더럽게 하는 것이 아니라, 입에서 나오는 그것이 사람을 더럽게 하는 것이니라(마15:8-11).

처음 어떤 모임을 만들고 매일매일 감동을 느꼈습니다. 신이 났습니다. 한참의 세월이 지난 후 모임의 규정과 행사만 남아 있고, 첫 감동과 기쁨이 사라진 것을 발견했습니다. 본질은 사라지고 형식만 남았습니다. 그런 쓸쓸함을 예수님께서 말씀하신 것입니다.

오늘은 무엇을 먹을까, 무엇을 입을까를 고민합니다. 사실 그게 문제가 아니라 먹고 힘을 얻어 또 입고 활동할 수 있어 어떤 일을 행복하게 하고자 함인데, 먹고 입는 것이 문제가 되었습니다. 삶이 가난하고 팍팍할 때에도, 인생이 풍성하고 찬란할 때에도 동일한 고민을 합니다. 그런 우릴 보는 하나님께서 "어이구 저 모지리" 말씀하셔도 싸다는 생각이 듭니다.

이해인 시인은 「설거지」라는 시에서 설거지를 "크고 작은 빈 그릇에 담겼던 내 하루의 언어와 사고를 즐겁게 정돈하는 시간"이라고 설명합니다. 그러고는 "이 빠진 것들은 따로 치우고 깨어진 것들은 내버리면서 다시 만나는 나의 모습"을 정돈했던 것처럼, 우리도 우리 스스로를 날마다 설거지할 수 있는 용기를 가져보면 좋겠다는 생각을 합니다. 마음에 가득한 악한 생각과 살인과 간음과 음란과 도둑질과 거짓 증언과 비방을 제거하고 하나님 앞에서 성결Consecration할 수 있기를, 또 입술의 모든 말과 마음의 모든 묵상이 온전히 하나님께 열납될 수 있기를 소망합니다(시19:14). 무엇을 슬퍼하고, 무엇에 대해 가슴 아파해야 하는지 분명히 알면 좋겠습니다. 사랑합니다.

백 번의 위로 사랑합니다

열세 번째
위로

천양희 시인의 「물음」이란 시에 나오는 한 대목입니다.

시 쓰는 어려움을 말한 루이스에게
독자들이 왜 하필 시를 쓰느냐고 물었다
그때 그가 되물었다
"당신들은 그것만 묻나.
내가 몇 번이나 간절히 무지개가 있는
세상에서 살기를 원했다는 것은
묻지 않고."✦

때로 너무 쉽게 판단하고 너무 쉽게 정죄하듯 말하는 자신을 바라
보며 흠칫 놀라곤 합니다. 마치 모든 것을 통달한 듯, 엄청난 지혜를
가진 듯 뽐낼 때가 많으니 덜떨어진 인생임이 분명합니다.

✦　천양희, 「물음」, 『나는 가끔 우두커니가 된다』 (창비, 2011) 중에서

한 치 앞도 보지 못하는 인생이라 그런지 한 수 뒤를 내다보지 못하는 어리석음에 후회할 때가 많은데요. 그럴 때면 읽는 말씀이 있습니다. 전도서 7장 15-18절의 말씀입니다.

내 허무한 날을 사는 동안 내가 그 모든 일을 살펴보았더니, 자기의 의로움에도 불구하고 멸망하는 의인이 있고 자기의 악행에도 불구하고 장수하는 악인이 있으니, 지나치게 의인이 되지도 말며, 지나치게 지혜자도 되지 말라. 어찌하여 스스로 패망하게 하겠느냐. 지나치게 악인이 되지도 말며, 지나치게 우매한 자도 되지 말라. 어찌하여 기한 전에 죽으려고 하느냐. 너는 이것도 잡으며 저것에서도 네 손을 놓지 아니하는 것이 좋으니, 하나님을 경외하는 자는 이 모든 일에서 벗어날 것임이니라.

지혜자인 전도자의 글을 읽으면, 세상살이 그저 둥글둥글 살아야 하는 것이라는 생각이 듭니다. 그냥 보통 사람으로 살며 그저 흘러가는 대로 흐름에 맞춰 살아야 한다는 생각을 하게 되니 일종의 처세술에 대한 지혜로 느껴집니다.

하지만 말씀을 가만히 읽어보면 전도자는 '지나침'을 경고하고 있다는 생각이 듭니다. 모자람만 못한 지나침은 사람의 마음과 생각을 압도합니다. 그래서 하나님도 지나침은 망각하게 하는 것 같습니다. 그러니 우리는 의인과 악인, 의로움과 악행, 지혜와 우매함, 어느 한

극단極端에 서지 않기로 하면 어떨까요? 상담에서도 내담자의 이야기에 함몰되면 바른 진단이 어려워집니다. 지나친 한쪽 끝은 하나님을 잊거나 잃어버리게 해, 결국 패망과 죽음에 이른다는 말씀을 통해 지혜를 깨닫는 우리가 되기를 바랍니다.

지나치게 의인이 되려고 하거나 지혜자가 되려고 애쓰지 않아야겠습니다. 악한 이가 잘되고 장수하는 것에 대해 상처 받지 말고, 선한 이가 고난을 당하고 단명短命하는 것에 대해서도 분노하지 않아야겠습니다. 나 혼자 잘되자는 처세로서 지혜를 갖자는 것이 아니라, 어떤 순간에도 하나님을 기억하고 인정하기 위해, 날아갈 듯 기쁜 날에도, 또 바닥이 없는 듯 추락하는 날에도, 하나님의 선한 뜻을 믿는 지혜를 얻기 위해, 이것도 잡고 저것도 놓지 않을 수 있는 우리가 되기를 기도합니다.

어느 한쪽 끝을 신봉하듯 따라가 하나님의 모든 것을 통달한 듯 행세하지 않고, 어느 한쪽 끝에 이르러 하나님의 지혜 위에 선 듯 교만해지지 않아야겠습니다. 어떤 상황에서도 어떤 사람을 만나더라도 내가 가진 선입견과 편견으로 판단하고 정죄하지 않기를 기도합니다. 그저 모든 것에 대해 "우와~" 하고 감탄할 줄 아는 어린아이의 마음으로 만나는 모두를 향해 "사랑합니다." 하고 말할 수 있는 우리가 되면 좋겠습니다. 사랑합니다.

열네 번째
위로

일상의 아주 평범한 것에서 큰 지혜를 전하는 시를 읽으면, "그렇구나!" 감탄할 때가 있습니다. 천양희 시인의 「단추를 채우면서」가 그런 시 가운데 하나입니다. 일부를 소개할 테니 먼저 찬찬히 읽어 보세요. 시를 읽으며 하늘도 한 번 쳐다보세요. 시가 사무치게 다가올 겁니다.

단추를 채워보니 알겠다
세상이 잘 채워지지 않는다는 걸
단추를 채우는 일이
단추만의 일이 아니라는 걸
…

그래, 그래 산다는 건
옷에 매달린 단추의 구멍 찾기 같은 것이야
단추를 채워보니 알겠다

백 번의 위로 사랑합니다

단추도 잘못 채워지기 쉽다는 걸

옷 한 벌 입기도 힘들다는 걸◆

참 좋지요? 단추를 채우는 일은 단추만의 일이 아니다 싶습니다. 세상만사 비슷하니 말입니다. 단추 하나 채우기도 힘든 인생이니, 우리네 삶이야 말해 무엇하겠습니까? 온통 잘못 채워진 것뿐이라는 생각에 마음이 녹습니다.

열왕기서에는 좋은 예와 나쁜 예, 서로 다른 모범으로 다윗과 여로보암이 언급됩니다.

그의 하나님 여호와께서 다윗을 위하여 예루살렘에서 그에게 등불을 주시되 그의 아들을 세워 뒤를 잇게 하사 예루살렘을 견고하게 하셨으니, 이는 다윗이 헷 사람 우리아의 일 외에는 평생에 여호와 보시기에 정직하게 행하고 자기에게 명령하신 모든 일을 어기지 아니하였음이라(왕상 15:4-5).

다윗의 삶은 그의 후대를 견고하게 하는 초석이 되었으나, 여로보암의 악함은 좋지 못한 예로 역사에서 끊임없이 언급이 됩니다(왕상 15:34, 22:52; 왕하13:2, 14:24, 15:9, 15:24, 17:22). 언약대로 하나님은

◆ 천양희, 「단추를 채우면서」, 『오래된 골목』(창비, 1998) 중에서

다윗을 역사의 초석으로 삼으시고 그의 대를 이어 아들 솔로몬이 왕이 되게 하셨습니다. 솔로몬은 아버지 다윗의 유훈에 따라 성전을 건축했습니다. 그리고 이렇게 기도했습니다.

> 우리의 마음을 주께로 향하여 그의 모든 길로 행하게 하시오며, 우리 조상들에게 명령하신 계명과 법도와 율례를 지키게 하시기를 원하오며, 여호와 앞에서 내가 간구한 이 말씀이 주야로 우리 하나님 여호와께 가까이 있게 하시옵고, 또 주의 종의 일과 주의 백성 이스라엘의 일을 날마다 필요한 대로 돌아보사, 이에 세상 만민에게 여호와께서만 하나님이시고 그 외에는 없는 줄을 알게 하시기를 원하노라(왕상8:58-60).

백성들에게 전한 권면의 기도처럼 솔로몬의 마음이 유지되었다면 참 좋았을 텐데, 안타깝게도 훗날 솔로몬은 여로보암의 길을 걷게 됩니다(왕상11:1-8).

연약한 존재이기에 사람은 살아가며 실수하거나 나쁜 짓을 합니다. 하지만 실수와 범죄에 머물러서는 안 되겠습니다. 일껏 채운 단추이지만 하나하나 풀어야겠습니다. 행여 우리 안에 담긴 여로보암의 모습이 있다면 하나하나 돌이켜야겠습니다. 그리고 다윗의 정직한 회개처럼 재를 머리에 뿌리는 마음으로 슬퍼해야겠습니다. 먼 훗날 쓰일 믿음의 역사서에 "참 좋은 신앙인이었다."며 기억되는 우리가 되기

를 소망합니다. 하나님이 지금 슬퍼하는 우리를 반드시 잘해주실 겁
니다. 사랑합니다.

열다섯 번째
위로

에스겔서는 우리 하나님이 하나님이심을 세상이 깨닫기를 원하는 안타까움으로 가득합니다. 그래서 재앙에 대한 예언도, 약속과 성취에 대한 예언도, 모두 하나님이 하나님이심을 나타내는 증거들로 제시합니다.

그가 내게 이르시되 이 물이 동쪽으로 향하여 흘러 아라바로 내려가서 바다에 이르리니, 이 흘러내리는 물로 그 바다의 물이 되살아나리라. 이 강물이 이르는 곳마다 번성하는 모든 생물이 살고 또 고기가 심히 많으리니, 이 물이 흘러들어 가므로 바닷물이 되살아나겠고, 이 강이 이르는 각처에 모든 것이 살 것이며, 또 이 강가에 어부가 설 것이니, 엔게디에서부터 에네글라임까지 그물 치는 곳이 될 것이라. 그 고기가 각기 종류를 따라 큰 바다의 고기 같이 심히 많으려니와(겔47:8-10).

말씀은 예언자 에스겔이 경험한 환상입니다. 하나님께선 에스겔에게 성전에서 흘러나온 생수의 강이 온 대지에 넘쳐 결국 모든 생명을 회복하는 약속의 성취를 장엄하게 보여주십니다. 찬란한 회복과 부활의 모습을 통해 하나님께서 살아계심을, 또 그 하나님께서 모든 약속을 이루실 것임을 확실하게 보여준 것입니다.

오늘이 서글픈 우리에게도 하나님께서 이와 같은 약속을 이미 우리들에게 분명하게 전해주셨습니다. 우리들의 메시아, 예수 그리스도께서 우리를 위해 십자가에서 죽으시고 사흘 만에 부활하셨습니다. 이 분명한 역사적 사실을 통해 우리를 소생시키실, 또 만물을 회복시키실 우리 하나님이심을 분명히 하신 것입니다.

사실 우리에게 부활신앙이 없다면 허무라는 이름의 함정에서 헤어 나오는 것은 거의 불가능할 것입니다. 두렵고 불안한, 그래서 슬픔을 부정할 수 없는 실존이 바로 우리이기 때문입니다. 악한 세상이라 욕하면서도 그 악에 물들어 욕심껏 살아가는 우리네 삶은 아닌지 돌아봐야겠습니다. 부활의 그 날, 바로 그 카이로스의 시간을 기대하며, 지금 당장의 어려움에서 벗어나고자 잔꾀를 부리거나 악한 생각에 치우쳐 살지 않기를 기도하면 좋겠습니다. 천국에서 영원한 기쁨을 누리며 살 텐데 말입니다.

종종 되뇌듯 즐겨 부르는 찬송이 있습니다. "죄 많은 이 세상은 내 집 아니네. 내 모든 보화는 저 하늘에 있네. 저 천국 문을 열고 나를 부르네. 나는 이 세상에 정들 수 없어요."

이 세상이 나쁘고 하늘나라가 좋다는 이분법적인 생각에서 이 찬양을 부르는 것은 아닙니다. 하늘나라를 잊지 않기를, 아무리 대단한 슬픔의 쓰나미가 현실을 덮친다 하더라도 언제나 부활신앙과 천국 소망으로 기쁨을 빼앗기지 않기를 바라는 마음에서 부르는 찬양입니다.

언젠가 은혜의 강물이, 생수의 강물이 넘쳐흘러 회복과 부활을 경험할 날을 기대합니다. 그러니 그저 오늘에 매몰되지 않기를, 현실이란 굴레에 갇혀 욕망의 노예로 살지 않기를 기도합니다.

우리, 이루지 못할 비전과 한도 끝도 없는 야망을 이루기 위해 악다구니 쓰듯 살지 않기로 하면 좋겠습니다. 그저 오늘 내게 주어진 일에 성실하기를. 보잘것없는 걸음에 별 볼 일 없는 보폭이지만, 삶의 천로역정을 하루하루 담백하게 사는 사람이 되면 참 좋겠습니다. 우리 하나님께서 하나님이심을 반드시 나타내실 테니까, 우리는 그의 약속에 의지한 채, 하루하루를 진실하게 살아내면 좋겠습니다.

난 결코 대중을 구원하려고 하지 않는다
난 다만 한 개인을 바라볼 뿐이다
난 한 번에 단지 한 사람만을 사랑할 수 있다
한 번에 단지 한 사람만을 껴안을 수 있다
단지 한 사람, 한 사람, 한 사람씩만……

따라서 당신도 시작하고

백 번의 위로 사랑합니다

나도 시작하는 것이다

난 한 사람을 붙잡는다

…

당신에게도 마찬가지다

당신의 가족에게도

당신이 다니는 교회에서도 마찬가지다

단지 시작하는 것이다

한 번에 한 사람씩◆

◆ 마더 테레사, 「한 번에 한 사람」, 『지금 알고 있는 걸 그때도 알았더라면』 (열림원, 2001)
중에서

열여섯 번째
위로

때로 사람은 삶을 지탱해 주는 좋은 동반자이기도 하지만, 인생 자체를 부정하고 싶을 정도로 괴로움을 안겨주는 존재이기도 합니다. 그래서 살며 좋은 사람을 만나는 큰 복을 누리는 우리가 되길 기도합니다.

좋은 부모, 좋은 배우자, 좋은 자녀, 좋은 형제, 좋은 친구, 좋은 선생님, 좋은 동료, 좋은 목사님... 좋은 사람만 만나면 좋겠습니다. 하지만 뜻대로 이루어지지 않는 세상이니, 무척 어려운 일이겠지요? 공광규 시인이 재미있는 시 한 편을 썼습니다. 「걸림돌」이란 시인데요, 사람 때문에 괴로운 인생사, 그래도 사람 덕에 걸쳐 사는 인생 아니냐고 반문합니다. 일부를 들려 드리겠습니다. 한 번 들어 보세요.

우리 어머니는 또 어떻게 말씀하셨나
인생이 안 풀려 술 취한 아버지와 싸울 때마다
"자식이 원수여! 원수여!" 소리치지 않으셨던가
...

백 번의 위로 사랑합니다

오늘 저녁에 덜 돼먹은 후배 놈 하나가

처자식이 걸림돌이라고 푸념하며 돌아갔다

나는 "못난 놈! 못난 놈!" 훈계하며 술을 사주었다

걸림돌은 세상에 걸쳐 사는 좋은 핑계거리일 것이다

걸림돌이 없다면 인생의 안주도 추억도 빈약하고

나도 이미 저 아래로 떠내려가고 말았을 것이다 ◆

그렇구나 싶습니다. 걸림돌에 걸린 비극적 인생이라 여겼는데, 걸림돌이 없는 인생은 추억이 빈약해질 거라는 시인의 말에 고개를 끄덕여 봅니다.

믿음도 이와 비슷한 것은 아닐까요? 때로 삶에 지쳐 '나를 좀 내버려 두세요' 소리치고 싶은 순간에, "그래도 한번 살아보겠습니다." 하고 고백하게 하니 말입니다. 비록 걸림돌에 걸려 오도 가도 못하는 신세가 되었지만, 하나님이 잘해주고 계신 거라고 씩씩하게 살게 하니 말입니다.

제가 좋아하는 말씀이 좀 많습니다만... 사랑하는 당신께 제가 좋아하는 말라기 4장 2-3절 말씀을 읽어 드릴게요. 말씀을 통해 슬픈 마음, 위로를 찾으시면 좋겠습니다.

◆ 공광규, 「걸림돌」, 『황해문화』 2009년 봄호(통권63호) 중에서

내 이름을 경외하는 너희에게는 공의로운 해가 떠올라서 치료하는 광선을 비추리니, 너희가 나가서 외양간에서 나온 송아지 같이 뛰리라. 또 너희가 악인을 밟을 것이니, 그들이 내가 정한 날에 너희 발바닥 밑에 재와 같으리라. 만군의 여호와의 말이니라.

마지막 구약성경의 마지막 날에 대한 약속입니다. 걸림돌이 많았음에도 끝까지 믿음을 지켜낸 사람이 경험하게 될 회복에 대한 희망찬 약속입니다.

걸림돌에 걸려 넘어지면 스스로를 죽은 개 같은 존재(삼하9:8)라고 생각할 수도 있습니다. 하지만 결국 우리를 치료하시고 살리실 하나님을 믿으면 좋겠습니다. 하나님이 우리를 외양간에서 나온 송아지처럼 활기차게 하실 겁니다.

그러니 우리는 지금의 걸림돌을 다가올 그 날의 추억거리라 여기며 걸림돌에 걸린 삶이지만 살아내면 좋겠습니다. 그것도 씩씩하게 살면 좋겠습니다. 슬픔과 씩씩함. 어울리지 않는 조합에도 당당한 우리를 세상은 이해할 수 없겠지만 그래도 우리 그렇게 한번 살아보면 좋겠습니다. 마음 약해지지 마세요. 우와, 사랑합니다.

백 번의 위로 사랑합니다

열일곱 번째
위로

루스드라에서 바울과 바나바는 나면서 걷지 못하는 사람을 걷게 했습니다. 이런 기적을 본 사람들은 바나바와 바울을 신으로 여겨 제사를 지내고자 했습니다. 이때 사람들을 극구 만류하며 했던 말이 성경에 기록되어 있습니다.

이르되 여러분이여, 어찌하여 이러한 일을 하느냐. 우리도 여러분과 같은 성정을 가진 사람이라. 여러분에게 복음을 전하는 것은, 이런 헛된 일을 버리고 천지와 바다와 그 가운데 만물을 지으시고 살아 계신 하나님께로 돌아오게 함이라(행14:15).

은근슬쩍 욕심을 채울 수도 있었을 테고, 신으로 추앙을 받으면 전도도 더 잘될 거라고 자기 합리화를 할 수도 있었을 텐데, 바울과 바나바는 그렇게 하지 않았습니다. 자신이 어떤 존재인지, 또 기적의 이유와 목적이 무엇인지 분명히 밝혔던 것입니다.

바나바와 바울의 고백처럼 우리도 한 가지 다짐해 보면 어떨까요?

주님을 위해 뭔가 대단한 일을 했다고 해도, 설령 그런 자부심에 마음 한편이 뿌듯하다 해도, 우리는 그냥 잊혀도 좋은 존재가 되기로 다짐 하면 좋겠다 싶습니다.

정호승 시인은 자신의 시, 「산을 오르며」에서 산을 내려가는 것에 대해 말합니다. 산을 오르는 이유를 내려가는 것에서 찾은 것입니다. 한 대목을 소개할게요. 잠시 마음으로 들어 보세요.

> 내려가자 이제 산은 내려가기 위해서 있다
> …
> 내려가자 다시는 발자국을 남기지 말자
> 내려가는 것이 진정 다시 올라오는 일일지라도
> 내려가자 눈물로 올라온 발자국을 지우자
> …
> 내려가자 사람은 산을 내려갈 때가 가장 아름답다
> 산을 내려갈 때를 아는 사람이 가장 아름답다
> …♦

물론 밤잠을 설쳐가며 이웃과 하나님을 위해 최선을 다했을 수 있 습니다. 몸을 망가뜨려 가면서까지 어떤 사역을 이루고자 노력했을

♦ 정호승, 「산을 오르며」, 『사랑하다가 죽어버려라』 (창비, 1997) 중에서

백 번의 위로 사랑합니다

겁니다. 사랑하는 가족도 챙기지 못하고, 무심한 사람이란 핀잔을 들으면서까지 주를 위해 달려왔을 수도 있습니다. 그것을 부정하는 것이 아닙니다. 하지만 마지막 골인 지점을 앞에 두고 "내가 다 했어요! 그러니 나를 좀 알아주세요." 그렇게 말할 수는 없다는 생각을 합니다. "저는 그저 제가 해야 할 일을 했을 뿐입니다(눅17:10)"라며 사라질 줄 알면 좋겠다 싶습니다.

이 땅에서 무명無名함이 하나님나라에서 유명有名해지는 길이니, 그저 "나는 잊어도 좋습니다. 모든 영광 하나님께 있습니다"라며 자신의 지분을 내려놓을 줄 아는 하늘나라 멋쟁이로 살면 어떨까 바랍니다. "하나님이 잘해주셨으니 그것으로 충분합니다." 폼을 잡아도 제대로 된 폼을 잡아볼 그 날을 바라며 오늘 열심히 주의 일을 하면 좋겠습니다. 그런 당신을 자랑스럽게 여기실 하나님께서 말씀하실 겁니다. "우와!"

열여덟 번째
위로

성실히 또 진실하게 살기 위해 노력하지만 엉뚱한 오해를 받을 때가 있습니다. 믿었던 사람에게 뒤통수를 얻어맞기도 합니다. 그냥 '나'라는 존재가 싫은 사람이 있다는 것을 알게 됩니다. 말도 안 되는 모함에 오랜 기간 속상해하기도 하고 억울함과 서글픔에 밤잠을 설치기도 합니다. 혹 이런 상황에 계세요? 들려드리고 싶은 하나님의 말씀이 있습니다.

너희가 내 규례와 계명을 준행하면, 내가 너희에게 철 따라 비를 주리니 땅은 그 산물을 내고 밭의 나무는 열매를 맺으리라. 너희의 타작은 포도 딸 때까지 미치며 너희의 포도 따는 것은 파종할 때까지 미치리니 너희가 음식을 배불리 먹고 너희의 땅에 안전하게 거주하리라. 내가 그 땅에 평화를 줄 것인즉 너희가 누울 때 너희를 두렵게 할 자가 없을 것이며 내가 사나운 짐승을 그 땅에서 제할 것이요, 칼이 너희의 땅에 두루 행하지 아니할 것이며 너희의 원수들을 쫓으리니 그들이 너희 앞에서 칼에 엎드러질 것이라(레26:3-7).

저 역시 "사랑합니다", "우와", "하나님이 잘해주실 거예요." 외치고 살면 날마다 좋은 날인 줄 알았습니다. 하지만 진심이 외면당하고 말도 안 되는 모함에 힘든 적이 많았습니다. '이젠 안 해야겠다. 그만둬야겠다. 나도 쑥스러운 말들을 내가 왜?' 속상함에 모든 것을 멈추고 싶기도 했습니다. 슬픈 마음 가득일 때, 제 눈에 들어온 말씀입니다. 성경 레위기서는 솔직히 재미는 없습니다. 한데 유독 이 말씀이 눈에 가득 유난해졌습니다.

하나님께서 제정하신 정결규례는 우리를 책임 있는 자유로, 인간 욕심을 통제할 수 있는 절제로, 하나님의 뜻이 무엇인지 깨닫게 하는 분별과 진리로 이끕니다. 때문에 정결규례는 연약하기에 죄에 빠질 수밖에 없는 인생을 복된 길로 이끌고자 하시는 하나님의 사랑이라는 생각이 듭니다. 이 정결규례를 설명한 레위기서의 26장은 우리에게 권면합니다. 두 가지 갈림길에서 무엇을 선택할 것인지를 결정하라고 말합니다. 물론 말씀은 규례를 따르지 않았을 때에도 다시 기회를 주시는 하나님의 사랑을 말하기도 합니다만 우리는 하나님의 법을 따르면 좋겠습니다.

저도 그랬습니다. 소문과 거짓, 오해 따위에 하나님의 법을 떠날 수 없다는 생각을 했습니다. "우와!" 하는 감동하는 눈을 버릴 수도 없고, "사랑합니다!"라는 말도 그만둘 수 없다고 생각했습니다. 이 글을 읽는 사랑하는 당신 역시 하나님의 법을 선택하시기를, 그렇다면 스스로 당당하시기를 빕니다.

온누리교회를 담임하는 이재훈 목사님의 글 한번 읽어 보세요. 모르긴 몰라도 이 목사님 역시 악한 댓글과 가짜뉴스에 힘든 우리와 비슷한가 봅니다.

소문의 위력은 실로 대단해서 많은 사람에게 전해질수록 버전이 다양해진다. 소문을 나누고 전파하며 묵상하는 사회나 교회는 소문에 의해 망할 수밖에 없다. 그러므로 지도자들은 소문과 진리를 분별해 소문이 진리처럼 변하는 일이 없도록 해야 한다. 뉴저지에서 목회하던 시절 '소문실명제'를 성도들에게 제안한 적이 있다. 다른 사람에게 자신이 들은 소식을 전할 때 누구에게서 들었다는 말을 함께 전하자는 것이었다. 회의할 때 막연하게 "성도들이 그렇다더라"라고 말하지 않고 "누가 말했다"라고 정확하게 전하자는 것이었다. 말하는 사람의 이름이 함께 전해지면 소문의 위력은 꼬리를 감출 것이기 때문이다.

...

미국에서 귀국했을 때 사랑의교회 원로목사님이신 故옥한흠 목사님이 식사를 사 주시면서 귀한 조언을 해 주신 적이 있다. "무엇이든지 직접 보고 들은 것이 아니면 무조건 믿지 말라"라는 말씀이었다. 불필요한 소문에 마음을 빼앗겨 올바른 판단력을 잃지 않도록 하라는 귀한 가르침이고, 지금까지 목회에 귀한 도움이 되고 있다. 진정한 삶의 변화는 소문에 귀 기울이는 것이 아니라 진리에 귀 기울일 때 일어난다. 관계의 회복도 자신이 들은 소문을 내려놓고 진리를 나눌 때 얻을 수 있다. 함께 모이면 소문이 아니라 진리를 먼저 나누어야 한다. 내가 다른 사람에게 전하는 소식이 진리에 근거한 사실인지, 아니면 부정확한 소문인지 분별하고 입에 파수꾼을 세워야 한다.✦

소문과 가짜뉴스에 휘둘리는 인생이 아니라 하나님의 법이 이끄는 우리네 삶이기를 기도합니다. 진정성은 시간과 정비례하는 법이니 시간을 견뎌야 합니다. 가짜는 시간을 견디지 못하지만 진짜는 시간을 견딜 수 있으니 진짜인 우리가 인내를 즐기면 좋겠습니다. 언젠가 가짜는 하나님의 말씀처럼 다 엎드러질 테니까요. 그러니 우리 너무 슬퍼하지 말아요. 사랑합니다. 우와~

✦ 이재훈, 「소문과 진리」, 『생각을 생각한다』(두란노, 2017) 중에서

열아홉 번째
위로

야게의 아들 아굴의 간구를 읽으며 부끄러웠습니다.

내가 두 가지 일을 주께 구하였사오니, 내가 죽기 전에 내게 거절하지 마시옵소서. 곧 헛된 것과 거짓말을 내게서 멀리하옵시며, 나를 가난하게도 마옵시고 부하게도 마옵시고, 오직 필요한 양식으로 나를 먹이시옵소서. 혹 내가 배불러서 하나님을 모른다 여호와가 누구냐 할까 하오며, 혹 내가 가난하여 도둑질하고 내 하나님의 이름을 욕되게 할까 두려워함이니이다(잠30:7-9).

헛된 것을 바라는 마음과 거짓과 위선으로 가득한 마음을 하나님께 회개합니다. 마음으로는 늘 하나님 앞에서 순전하기를 원하지만, 부지불식간에 죄에 빠지는 탐욕과 죄성을 주님께서 불쌍히 여기셔서 용서해 주시기를 간구합니다. 그저 지나치지도 모자라지도 않게 하셔서 하나님께 영광을 돌리는 예배하는 삶이 담백하며 한결같기를 소망합니다.

백 번의 위로 사랑합니다

제가 좋아하는 시가 있습니다. 좋아하는 시도 많지요? 뭐, 제가 좀 그렇습니다. 살아가며 첫 마음이 흔들릴 때, 보다 순수하고 조금 더 정직했던 시절에 가졌던 생각이 무너지려 할 때, 저 자신을 일깨우는 시입니다. 연세대 사학과에서 학생들을 가르치셨던 민영규 교수님의 「떨리는 지남철」인데요, 혹 기회가 된다면 전문을 감상해 보세요. 이곳에선 일부만 소개합니다.

> 북극을 가리키는 지남철은 무엇이 두려운지
> 항상 바늘 끝을 떨고 있다.
> …
> 만일 그 바늘 끝이 불안한 전율을 멈추고
> 어느 한쪽에 고정될 때
> 우리는 그것을 버려야 한다.
>
> 이미 지남철이 아니기 때문이다♦

'지남철指南鐵' 예전엔 그렇게 말했지요? 지금은 나침반이라 말합니다. 사실 나침반은 대부분 붉게 물든 지침이 북쪽을 가리키니 '지북철指北鐵'이라 해야 할 텐데 아마 예전엔 '북'이란 말을 사용하기 쉽지 않았기에 '지남철'이라 불렀겠다 싶습니다. 혹은 '남쪽'이 지닌 따뜻한

♦ 민영규, 「떨리는 지남철」, 『예루살렘 입성기』 (연세대학교출판부, 1976) 중에서

상징성 때문에 그랬을 수도 있고요.

어찌 되었건 나침반의 바늘 끝이 미세하게 떨리는 것을 보고 나침반이 정상인 것을 알 듯, 사람도 마찬가지라는 시인의 생각에 동의합니다. '내가 지금 제대로 살고 있는지?', '걸어가는 방향은 바른 길인지?', '품은 생각은 옳은 것인지?' 스스로를 성찰하는 떨림을 가질 때 우리는 정상적인 삶을 살 수 있는 것 같습니다. 어느 한쪽에 고착된 듯 생각도 사고도 멈춰버린다면 문제는 그때부터 나타나는 것이 아닐까 싶습니다.

우리는 하나님을 마음에 품은 사람들입니다. 그러니 하나님을 생각함으로 모든 일에 떨리는 마음으로 살 수 있기를 바랍니다. 일상을 살면서도 설렐 줄 알며, 늘 보고 만나는 사람들일지라도 벅찬 가슴 가질 줄 아는, 더러 지겹고 싫은 세상살이지만 "우와!" 하고 감탄할 줄 아는 우리가, 그런 우리가 되면 참 좋겠습니다. 이야, 사랑합니다. 우와~

스무 번째
위로

나이가 많이 들어도 잊지 않고 간직하자 마음먹은 말씀이 있습니다. 사랑하는 당신께서도 이 말씀을 마음에 꼭 간직하시길 부탁드립니다. 에스겔서 11장 19−21절 말씀입니다.

내가 그들에게 한 마음을 주고, 그 속에 새 영을 주며, 그 몸에서 돌 같은 마음을 제거하고 살처럼 부드러운 마음을 주어 내 율례를 따르며 내 규례를 지켜 행하게 하리니, 그들은 내 백성이 되고 나는 그들의 하나님이 되리라. 그러나 미운 것과 가증한 것을 마음으로 따르는 자는 내가 그 행위대로 그 머리에 갚으리라. 나 주 여호와의 말이니라.

인생 오십을 지천명知天命이라 합니다. 그쯤 살면 정말 삶의 신비를 깨닫게 되는 것 같습니다. 사람의 삶에는 때로 어려움도 있고 때로 즐거움도 있습니다. 어떤 때는 말할 수 없이 절망스럽다가 또 어떤 때는 평안으로 삶의 풍요를 노래합니다. 인생의 굴곡을 경험하며 깨닫게 되는 것은 인생길 오르막과 내리막 사이에서 일희일비하기보다는 그저 묵묵히 하루하루를 "그래도 희망입니다." 말하며 살 줄 아는 사람이 되어야 한다는 것입니다.

에스겔 선지자는 신비한 환상 가운데 하나님의 말씀을 받습니다. 그리고 받은 말씀을 이스라엘 백성들에게 들려줍니다. 그의 예언은 일견 무섭게 다가옵니다. 그러나 사실 에스겔의 예언은 우리를 향한 하나님의 진한 사랑 표현입니다. 끊임없이 완악한 자신을 돌이켜 하나님만 따르기를, 또 하나님 보시기에 미운 것과 가증한 것을 떠나 온전히 말씀만을 따르는 부드러운 마음을 갖기를 원하시는 하나님의 애달픈 마음을 보여주기 때문입니다.

나이가 들수록 모르는 게 많아지고 이해하기 위해 애써야 할 것이 많아진다는 시인 최정재는 그의 시 「나이가 들면」에서 이렇게 하소연합니다. "나이가 들면, 무조건 어른이 되는 건 줄 알았는데, 나이가 들면서 어른으로 보이기 위해 항상 긴장해야 한다. 나이가 들면, 모든 게 편해질 줄 알았는데, 나이가 들면 들수록 더 많이 공부해야 하고 더 많이 이해해야 하고 진정한 어른이 되기 위해 애써야 한다. 끝없이."

정말 그렇다는 생각을 합니다. 그렇기에 나이가 들면서 더 겸손해지고 더 깊은 배려심에 입은 닫고 두 귀는 쫑긋 누군가의 이야기를 들을 줄 알게 되는 것 같습니다. 만약 그러지 못한다면 나이를 헛먹은 것이겠지요.

백 번의 위로 사랑합니다

내 생각, 내 경험, 내 판단, 내 지식... 마치 '나'에 함몰된 듯 살아가는 삶을 멈추고, 겸손하고 부드러운 마음으로 하나님을 따르는 순전한 하나님의 백성이 되기를 기도합니다. 나이를 한 살 한 살 먹어가며 너무 쉽게 판단하고 너무 쉽게 정죄하지 않기를 소원합니다. '내' 생각만 고집하는 마음을 잠시 접어두고 '하나님'을 생각하는 우리가 되면 좋겠습니다.

"이만큼 살았으니 많은 경험이 있지요.", "알 거 다 알아요. 지식도 많아요." 목이 곧은 백성처럼 행동하는 것이 아니라, 어느 누구에게나 배울 줄 아는 부드럽고 따뜻한 마음을 가진 사람이 되면 좋겠습니다. 우리, 그렇게 살아요. 사랑합니다.

제 5 부

◆

오늘,

방황하는

당신을 위한 위로

첫 번째
위로

지그문트 프로이트Sigmund Freud가 쓴 『일상생활의 정신 병리학』은 우리가 부지불식간에 행하는 실수와 농담, 반복적인 습관이나 움직임과 태도 등, 우리의 모든 외적 행위와 표현이 무의미하지 않음을 주장합니다. 의식적이거나 무의식적이거나 간에 우리 자신의 마음을 드러내고 있다고 여겼기 때문입니다.

열매를 보면 나무를 안다지요? 사람도 마찬가지란 생각이 듭니다. 그의 말, 그의 행동을 보면 그를 알 수 있으니 말입니다. 참 좋은 사람이라 여겼는데, 문득문득 묻어나는 그의 말과 모습에 적잖이 실망할 때가 있습니다. 똑같은 잣대를 스스로에게 대보면 나 자신의 언행을 어떻게 가꾸어야 할지 새삼 책임감을 느끼게 됩니다. 그래서 성경은 그리스도인인 우리에게, 조금 어렵게 말하자면 성령의 내주하심을 입은 우리에게 당부합니다. 성령의 열매를 맺으라고 말입니다.

오직 성령의 열매는 사랑과 희락과 화평과 오래 참음과 자비와 양

선과 충성과 온유와 절제니, 이 같은 것을 금지할 법이 없느니라. 그리스도 예수의 사람들은 육체와 함께 그 정욕과 탐심을 십자가에 못 박았느니라. 만일 우리가 성령으로 살면 또한 성령으로 행할지니 헛된 영광을 구하여 서로 노엽게 하거나 서로 투기하지 말지니라(갈5:22-26).

말씀은 세상 사람들이 우리 안에 계신 성령 하나님을 우리의 말과 행동에서 가늠할 것이라고 경고합니다. 그러니 서로 노엽게 하거나 시기하지 않아야 한다고 권면합니다. 보다 순전한 모습으로 진실하고 정직한, 그래서 화해를 이루는 사람이 되라는 것입니다.

솔직히 나열하기에 벅찬 느낌의 열매들이지만 성령의 열매를 하나하나 맺으며 살아가는 우리가 되기를 소망합니다. 저도 열심히 살게요. 그러니 사랑하는 당신도 그렇게 살아내 주시면 좋겠습니다. 하나님이 우리를 도와주실 겁니다. 그러니 우리의 겉과 속이 투명해 청명한 오늘을 만들어 가면 참 좋겠습니다.

정호승 시인이 「햇살에게」에서, 먼지를 볼 수 있게 해 주어서, 또 자신이 먼지임을 깨닫게 해 주어서 햇살에게 감사했던 것처럼, 사리 분별 할 줄 알게 해 주시는 성령 하나님으로 인해, 먼지뿐인 인생을 찬란하게 비춰주셔서 선을 좇아 살 수 있도록 도와주시는 그 성령 하나님으로 인해 기뻐하는 오늘이 되기를 기도합니다.

방황하는 오늘, 아니 방황할 수밖에 없는 오늘을 살지만, 그저 하나님께서 우리의 나침반 되어 주시기를 간절히 기도합니다. 하나님께서 우리를 잘해주실 겁니다. 사랑합니다.

백 번의 위로 사랑합니다

두 번째
위로

"하나님 저한테 하신 말씀이지요?" 하고 바라는 말씀이 있습니다. 하나님께서 아니라고 하실 일 없으시지만 행여 그러신다면 야곱처럼 훔치고 싶은 말씀이기도 합니다.

여호와께서 모세에게 말씀하여 이르시되 아론과 그의 아들들에게 말하여 이르기를 너희는 이스라엘 자손을 위하여 이렇게 축복하여 이르되, 여호와는 네게 복을 주시고 너를 지키시기를 원하며 여호와는 그 얼굴을 네게로 향하여 드사 평강 주시기를 원하노라 할지니라 하라. 그들은 이같이 내 이름으로 이스라엘 자손에게 축복할지니 내가 그들에게 복을 주리라(민6:22-27).

도저히 믿을 수 없는 말씀을 앞에 두고 감사한 마음 반, 죄송한 마음 반입니다. 사람이 지나치게 감사하면 죄송한 법이니, 이 말씀을 앞에 두고 감사하면서도 송구한 마음 가득입니다.

존재의 어떠함과 상관없이 하나님께서는 우리를 왕 같은 제사장으로, 거룩한 나라로, 그의 소유된 백성으로 삼으셨습니다(벧전2:9). 그리고 그의 얼굴을 우리에게 드사 복과 평강을 주십니다.

받기에 부담스러운 큰 복을 받은 우리에게 주어진 책임은 우리가 만나는 모든 사람들에게 거저 받은 하나님의 복, 거저 나누는 것이라는 생각을 합니다(마10:8, 도레안 엘라베테δωρεὰν ἐλάβετε, 도레안 도테 δωρεὰν δότε). 우리가 만나는 그가 어떠하든지, 즉 지위고하, 빈부, 남녀노소를 막론하고, 우리의 진심을 담아 복을 나눌 수 있기를 소망합니다.

비록 우리 스스로도 방황하며 흔들리는 존재이지만, 이스라엘의 축복을 위탁받은 모세와 아론의 마음으로 오늘 하루 우리가 만나는 모든 사람을 향해, **"하나님이 당신에게 복 주시기를 원합니다. 하나님이 당신을 지키시기를 바랍니다. 하나님께서 그 얼굴을 당신에게 향하여 드사 평강을 주시기를 소원합니다."** 하고 힘을 다해 축복할 줄 아는 우리가 되기를 바랍니다.

작자 미상이긴 하지만 류시화 시인의 잠언시집, 『지금 알고 있는 걸 그때도 알았더라면』에 실린 「짧은 기간 동안 살아야 한다면」의 일부를 들려 드릴게요. 마음으로 읽어 보시면 좋겠습니다. 오늘도 씩씩하시면 좋겠습니다. 사랑합니다.

만일 단지 짧은 기간 동안 살아야 한다면

...

하늘을 많이 바라보고 따뜻한 햇빛을 받으리라

밤에는 달과 별을 많이 쳐다보리라

그 다음에는

옷, 책, 물건, 내가 가진 사소한 모든 것들에 작별을 해야겠지

그리고 나는 삶에 커다란 선물을 준 대자연에게 감사하리라

그대 품속에 잠들며♦

♦ 작자미상(존 포엘 신부 제공), 「짧은 기간 동안 살아야 한다면」, 『지금 알고 있는 걸 그
    때도 알았더라면』(류시화 엮, 열림원, 2014) 중에서

오늘, 방황하는 당신을 위한 위로

세 번째
위로

🕯

제가 참 좋아하는 시인 윤동주가 쓴 「길」이란 시가 있습니다. 늘 걷는 길이지만 그 길을 걸어가며 자신을 반성했던 시인의 마음에 마음을 포개봅니다. '뭘 그리 쏘다니는지...', '생각이란 것은 하고 사는지...' 방황하는 스스로의 모습을 반성하게 하는 시입니다. 들어 보세요.

잃어버렸습니다
무얼 어디다 잃었는지 몰라
두 손이 주머니를 더듬어
길에 나아갑니다

돌과 돌과 돌이 끝없이 연달아
길은 돌담을 끼고 갑니다

담은 쇠문을 굳게 닫아

백 번의 위로 사랑합니다

길 위에 긴 그림자를 드리우고

길은 아침에서 저녁으로
저녁에서 아침으로 통했습니다

돌담을 더듬어 눈물짓다
쳐다보면 하늘은 부끄럽게 푸릅니다

풀 한 포기 없는 이 길을 걷는 것은
담 저쪽에 내가 남아 있는 까닭이고

내가 사는 것은, 다만,
잃은 것을 찾는 까닭입니다♦

　　시인의 시를 생각하게 하는 말씀이 있습니다. 세상 답답한 하나님
께서 아모스 선지자에게 하신 말씀입니다.

　　주 여호와의 말씀이니라. 보라 날이 이를지라. 내가 기근을 땅에 보
내리니 양식이 없어 주림이 아니며 물이 없어 갈함이 아니요, 여호
와의 말씀을 듣지 못한 기갈이라. 사람이 이 바다에서 저 바다까지,

♦　윤동주, 「길」, 『하늘과 바람과 별과 시』 (책만드는집, 2012)

오늘, 방황하는 당신을 위한 위로

83

북쪽에서 동쪽까지 비틀거리며 여호와의 말씀을 구하려고 돌아다녀도 얻지 못하리니 그 날에 아름다운 처녀와 젊은 남자가 다 갈하여 쓰러지리라(암8:11-13).

하나님은 이스라엘에 만연한 우상숭배와 죄악에 대해 탄식했습니다. 말씀이 메말라 버린 기갈에 대해 애통해 하셨습니다. 그래서 드고아의 목자 아모스에게 하나님의 말씀을 대언하게 했던 것입니다.

영靈은 영양실조 상태에 있으면서도 마치 아무런 문제가 없다는 듯 비대해진 몸으로 살고 있지는 않은지 우리를 돌아보면 좋겠습니다.

선물과 같이 주어진 복음, 그 복음으로 받은 복이 많은데도 우리는 때로 우리 자신의 공로인양 거들먹거리며 맘몬에게 절을 하고 염려와 근심의 종이 되며 세속적 정욕과 욕심에 눈먼 꼴을 합니다. 하나님을 믿는다면서도 조금만 어려우면 사람에게 의지하고, 이 전문가 저 지식인을 찾습니다. 말씀을 분깃으로 삼는다면서도 세속적인 생각을 가족과 자녀에게 강요하곤 합니다.

혹 이렇게 방황하는 삶이 우리에게 여전하다면 다시 한 번 말씀으로 돌아가는 우리가 되면 좋겠습니다. 말씀을 찾지 못한 기갈로 쓰러지지 않기를 바랍니다. 사랑합니다.

네 번째
위로

많이들 알고 또 즐겨 암송도 하는 말씀 가운데 스바냐 3장 17절의 말씀이 있습니다.

너의 하나님 여호와가 너의 가운데에 계시니 그는 구원을 베푸실 전능자이시라. 그가 너로 말미암아 기쁨을 이기지 못하시며 너를 잠잠히 사랑하시며 너로 말미암아 즐거이 부르며 기뻐하시리라 하리라.

말씀이 참 좋지요?

제자 가운데 직업군인의 아내인 자매가 있습니다. 아주 오랜만에 통화를 하면서 참 즐거웠습니다. 씩씩하고 싹싹한 목소리로 두 아이를 잘 기르고 있다는 소식을 들으며 얼마나 기뻤는지 모릅니다. 내세울 것 하나 없는 선생인데도 저와 통화하며 기뻐하는 높은 톤의 밝은 목소리가 통화 후 한참의 시간이 지난 후에도 귓가에 맴돌았습니다.

아마 우리에 대해 기쁨을 이기지 못하시는 하나님의 음성이 그와 같지 않을까 싶었습니다. 전화 받기 전 이런저런 일로 속상했던 마음이 씻은 듯이 녹았습니다.

진실과 거짓 사이에서 진실을 택했음에도 좋지 못한 일을 경험하거나, 되레 심한 오해와 지탄을 받게 된다면 분명 억울할 일입니다. '내가 뭘 잘못 살았나?' 하고 방향을 잃은 듯 혼란스러울 일입니다. 억울함은 감당하기 어려운 감정입니다. 예수님을 믿으며 정직과 성실로 살아가려고 하지만 뜻 모를 오해를 받고 억울한 일을 경험하면 그 상처는 마음에서 잊히지 않을 것입니다. 하지만 바로 그때 스바냐서의 말씀이 위로가 되면 좋겠습니다. "우와", "이야", "잘 지내니?" 밝고 씩씩한 목소리로 우리 이름을 불러주시고 "내가 너를 얼마나 기뻐하는지 아니?" 하고 말씀해 주실 하나님을 떠올리시면 좋겠습니다.

모르긴 몰라도 우리 신앙의 선배님들이 그렇게 고통을 이겨냈지 않을까 가늠해 봅니다. 1919년 3월에서 5월까지 1,500여 회에 걸쳐 전국 218개 군 가운데 212개 군에서 일어난 3·1운동. 이 만세운동에 참여한 사람만 2백만 명이 넘었고, 그 가운데 숨진 이가 7,500여 명, 실종자가 15,000여 명, 부상자는 16,000여 명, 검거된 이가 47,000여 명이었습니다. 희생자 대부분이 그리스도인이었습니다. 때로 옥에 갇히고, 죽임을 당하고, 각종 고문으로 어려웠지만 구원을 베푸실 전능자 하나님을 생각함으로 이 모든 어려움을 견뎌냈다고 기록들은 증

백 번의 위로 사랑합니다

언합니다.

    희생을 두려워하지 않았던 신앙의 선배들만큼은 아니지만 오늘을 살아가며 당하는 어이없는 일들에 무너지지 말고, 우리를 사랑하고 기뻐하시는 하나님으로 인해 씩씩한 우리가 되면 좋겠습니다. 너무너무 찬란해 슬퍼지기까지 할 봄날을 위해 오늘을 일구는 우리가 되기를 바랍니다. "모란이 피기까지 나의 봄을 기다릴 겁니다." 외쳤던 시인의 마음에 다가가 봅니다.

    모란이 피기까지는

    나는 아직 나의 봄을 기다리고 있을 테요

    모란이 뚝뚝 떨어져 버린 날

    나는 비로소 봄을 여읜 설움에 잠길 테요

    …

    모란이 피기까지는

    나는 아직 기다리고 있을 테요

    찬란한 슬픔의 봄을♦

♦ 김영랑, 「모란이 피기까지는」, 『어느 가슴엔들 시가 꽃피지 않으랴 2』(민음사, 2011) 중에서

다섯 번째
위로

어느덧 세월이 흘러 느보 산에 오르기 전, 남겨질 이스라엘 백성에게 전한 모세의 마지막 말을 들어 보세요.

이스라엘이 안전히 거하며, 야곱의 샘은 곡식과 새 포도주의 땅에 홀로 있나니, 곧 그의 하늘이 이슬을 내리는 곳에로다. 이스라엘이여, 너는 행복한 사람이로다. 여호와의 구원을 너 같이 얻은 백성이 누구냐. 그는 너를 돕는 방패시요, 네 영광의 칼이시로다. 네 대적이 네게 복종하리니 네가 그들의 높은 곳을 밟으리로다(신33:28-29).

이스라엘을 축복하는 늙은 모세의 말에는 하나님에 대한 감사가 가득합니다. "돌이켜보니 모든 것이 하나님의 은혜였습니다. 우리처럼 행복한 사람들이 또 있을까요."라며 감사했던 것입니다. 그러고는 "하나님께서 이처럼 우리를 도우셨으니 앞날의 여정도 안전히 지키실 것입니다. 하나님께서 당신들을 높은 곳에 세우실 겁니다." 희망을 전했습니다.

백 번의 위로 사랑합니다

오늘은 우리가 참으로 사랑하는 가족들과 함께 하나님께서 우리를 어떻게 사랑하셨는지, 지금까지 어떻게 지키시고 인도하셨는지 이야기를 나눠보면 어떨까요? 그리고 사랑하는 배우자와 자녀들에게, 혹은 사랑하는 부모님과 형제자매들에게, 혹은 우리 주변의 이웃에게 하나님이 우리를 반드시 잘해주실 것이라고 희망을 전하는 하루가 되면 어떨까요?

정호승 시인은 「끝끝내」란 자신의 시에서 후회합니다. 기회란 언제나 주어지는 것이 아니란 것을 시를 통해 권면합니다.

헤어지는 날까지
사랑한다는 말 한마디 하지 못했습니다
…
끝끝내 사랑한다는 말 한마디 하지 못했습니다
끝끝내 사랑한다는 말 한마디 하지 못했습니다*

우리 용기 내어 사랑을 고백하는 오늘이 되면 좋겠습니다. 당신이 있어 행복하다고, 옆에 있어줘서 고맙다고, 좀 더 잘해주지 못해 미안하다고, 그리고 사랑한다고 말해주면 좋겠습니다. 그것이 못내 멋쩍다면 문자를 보내거나 손 편지를 쓰는 것은 어떨까요? 오늘은 꼭 사

---

* 정호승, 「끝끝내」, 『사랑하다가 죽어버려라』 (창비, 1997) 중에서

랑을 표현하면 좋겠습니다. 사랑하기에도 짧은 인생이니까요. 사랑합니다. 사랑합니다. 사랑합니다. 우와~ 이야~

백 번의 위로 사랑합니다

여섯 번째
위로

　우리가 잘 아는 말씀 있습니다. 마리아와 마르다에 대한 이야기인데요, 때로 일에 분주한 마르다보단 주의 말씀을 듣고자 하는 마리아가 최고라고 그 말씀을 해석하기도 합니다. 일단 말씀을 한번 읽어 보세요. 누가복음 10장 39-42절입니다.

　그에게 마리아라 하는 동생이 있어 주의 발치에 앉아 그의 말씀을 듣더니, 마르다는 준비하는 일이 많아 마음이 분주한지라. 예수께 나아가 이르되, 주여, 내 동생이 나 혼자 일하게 두는 것을 생각하지 아니하시나이까. 그를 명하사 나를 도와주라 하소서. 주께서 대답하여 이르시되, 마르다야, 마르다야, 네가 많은 일로 염려하고 근심하나 몇 가지만 하든지 혹은 한 가지만이라도 족하니라. 마리아는 이 좋은 편을 택하였으니 빼앗기지 아니하리라 하시니라.

　손님 대접에 분주한 마르다, 그리고 말씀을 듣느라 분주한 마리아, 누가 더 옳을까요? 누가 더 잘한 것일까요? 하지만 이 말씀을 옳고 그름으로, 잘함과 잘못함으로 읽으면 안 된다는 생각을 합니다.

주님을 대접하느라 마음이 분주했던 마르다를 어느 누가 함부로 "잘못했다.", "틀렸다." 할 수 있을까요? 마르다와 같은 사람이 없다면 당장 끼니를 걸러야 할 테니 말입니다. 일을 도맡아 하는 사람의 열심을 탓할 수는 없는 것입니다. 또 주님의 발치에 앉아 사모하던 말씀을 듣는 것에 분주한 마리아를 탓할 수도 없습니다. 주님께서 말씀하신 대로 자신이 좋아하는 것을 선택했기 때문입니다.

말씀이 전하는 한 가지 귀한 가르침은 서로가 가진 가치관과 삶의 태도를 함부로 비난해서는 안 된다는 것은 아닐까요? '나는 옳고 너는 틀리다'는 가치 판단으로 다른 이의 생각을 평가절하해서는 안 되겠습니다. 서로의 생각과 경험이 다를 테니까요. 또 각자의 취향과 개성을 비난해서도 안 되겠습니다. 우리 각자는 고유의 성격을 갖고 있으니까요.

작가 이철환은 『못난이 만두 이야기』에서 이렇게 말합니다. "나무는 키가 커. 사람이 말했습니다. 그러자 기린이 말했습니다. 아니야. 나무는 키가 작아." 누군가가 가진 생각과 가치관을 모함하거나 시기하지 않아야겠습니다. 내가 하는 말 한마디, 행동 하나하나에 좀 더 조심해야겠습니다. 수녀이신 이해인 시인의 「말을 위한 기도」 가운데 귀담아 들을 일부를 소개할게요. 시인의 기도가 우리의 기도가 되면 좋겠습니다.

백 번의 위로 사랑합니다

날마다 내가 말을 하고 살도록

허락하신 주여

하나의 말을 잘 탄생시키기 위하여

먼저 잘 침묵하는 지혜를 깨치게 하소서

헤프지 않으면서 풍부하고

경박하지 않으면서 유쾌하고

과장하지 않으면서 품위있는

한 마디의 말을 위해

때로는 진통 겪는 어둠의 순간을

이겨 내게 하소서

…

내가 이웃에게 말을 할 때에는

하찮은 농담이라도

함부로 지껄이지 않게 도와주시어

좀 더 겸허하고

좀 더 인내롭고

좀 더 분별있는

사랑의 말을 하게 하소서

…✦

✦ 이해인, 「말을 위한 기도」, 『오늘은 내가 반달로 떠도』 (분도, 1988) 중에서

오늘, 방황하는 당신을 위한 위로

비난보단 이해가, 판단보단 포용이, 저주보단 사랑이 앞서는 우리가 되면 좋겠습니다. 설령 그가 용서받지 못할 범죄를 저질렀다 할지라도 너무 쉽게 판단하거나 정죄하지 않으면 좋겠습니다. 그에게 어떤 사정이 있었는지, 어떤 일이 있었기에 그렇게 했는지, 자초지종을 들으려는 인내와 분별이 우리에게 있으면 어떨까 생각해 봅니다.

오늘을 방황하는 우리 스스로에게도 마찬가지입니다. 너무 쉽게 자책이라는 채찍으로 자신을 궁지에 내몰지 않기를, 다른 사람보다 천천히 간다고, 혹은 못하는 것이 많다고, 가진 것이 없다고 자신을 부정하지 않기를 바랍니다. 하나님 보시기에 떳떳하고 진실하다면, 다른 이와 참 많이 다른 나를 오히려 격려하며, 내가 걸어가는 걸음을 그저 칭찬하는 우리가 되면 참 좋겠습니다. "사랑해!" 말해주며 자신을 토닥토닥 위로해 주세요.

사랑합니다.

일곱 번째
위로

예전 7080복음성가 가운데 '내일 일은 난 몰라요'라는 복음성가가 있습니다. 1절 가사는 이렇습니다.

내일 일은 난 몰라요, 하루하루 살아요. 불행이나 요행함도 내 뜻대로 못해요. 험한 이 길 가고 가도 끝은 없고 곤해요. 주님 예수 팔 내미사 내 손 잡아 주소서. 내일 일은 난 몰라요, 장래 일도 몰라요, 아버지여 날 붙드사 평탄한 길 주옵소서.

가사는 언뜻 수동적으로 받아들일 수밖에 없는 삶의 허무나 패배적인 생각을 쏟아내는 듯합니다. 하지만 이후의 가사는 무척 분명한 신앙인의 정체성을 나타냅니다. 그래서 1절의 내용이 믿음의 고백임을 깨닫게 합니다.

좁은 이 길 진리의 길, 주님 가신 그 옛길, 힘이 들고 어려워도 찬송하며 갑니다. 성령이여, 그 음성을 항상 들려주소서. 내 마음은 정했어요, 변치 말게 하소서. 내일 일은 난 몰라요, 장래 일도 몰라요, 아버지여, 아버지여, 주신 소명 이루소서.

세상은 자꾸만 우리에게 종용합니다. 이것도 신경 쓰고 저것도 걱정하라고 말입니다. 그래서 끝도 없는 길을 무조건 달려야만 한다고 말합니다. 때로 세상은 지치고 힘든 우리에게 그냥 포기하라고, 너는 할 수 없다고, 그런 일은 일어나지 않을 것이라고 말합니다. 그래서 그만두고 싶어집니다. 그러니 방황할 수밖에 없는 세상살이입니다.

하지만 복음성가의 가사처럼 모르는 내일을 알려 하기보다 오늘을 그냥 살면 어떨까요? 불확실한 내일에 대한 걱정으로 오늘을 내일에 담보 잡힌 듯, 쫓기듯 살지 않으면 좋겠습니다. 크신 하나님께서 작은 우리를 붙잡아 주시기를 바라며, 그저 오늘에 최선을 다하면 어떨까요? 그렇게 살아내기로 한번 정한 마음 변치 않고 힘이 들고 어려워도 찬송하며 살아내는 우리가 되면 좋겠습니다.

시인 정호승은 「봄길」이란 시에서 길이 되는 사람을 소개합니다. 그것도 봄길을 말입니다. 걸어가는 길마다 싹을 돋게 하고 꽃을 피우는 봄길. 그런 길을 만드는 사람이 있다고 말합니다. 길이 끝나 모두 발걸음을 돌리더라도 봄길이 되어 걸어가는 사람이 있으니 그래도 희망이라 말합니다.

길이 끝나는 곳에서도

백 번의 위로 사랑합니다

길이 있다

길이 끝나는 곳에서도

길이 되는 사람이 있다

스스로 봄길이 되어

끝없이 걸어가는 사람이 있다

…

보라

사랑이 끝나는 곳에서도

사랑으로 남아 있는 사람이 있다

스스로 사랑이 되어

한없이 봄길을 걸어가는 사람이 있다♦

맘몬과 번영, 욕심과 이기적 욕망, 탐심과 시기심에 솔깃할 수밖에 없는 인생이지만, 이미 우리를 위해 봄길이 되신 예수님을 따라 우리도 봄길 같은 삶을 살면 좋겠습니다. 그래서 한 걸음 한 걸음, 하루 또 하루를 성실히 살아내는 우리가 되기를 소망합니다.

포기하라 종용하는 삶의 무게에 너무 쉽게 좌절하지 말고, 세상이 주는 염려에 오늘을 저당 잡힌 듯 방황하지 않는 우리가 되면 좋겠습니다. 하나님이 잘해주실 거예요. 붙잡은 우리 손을 놓지 않으실 겁니다. 그러니 오늘 살아요. 함께 살아요. 사랑합니다.

♦ 정호승, 「봄길」, 『사랑하다가 죽어버려라』 (창비, 1997) 중에서

여덟 번째
위로

저 자신을 다그치는 말씀이기도 하지만 "어차피 너는 네 밥 먹고, 그 사람은 그 사람 밥 먹고 사는데, 네가 왜 주눅이 들어야 하니?"라며 스스로 당당하게 살 것을 권면하는 말씀이 있습니다.

너희는 인생을 의지하지 말라. 그의 호흡은 코에 있나니 셈할 가치가 어디 있느냐(사2:22).

사람인 나도, 사람인 그도 하나님 앞에선 셈할 가치 없는 존재임을 말씀은 분명히 합니다. 그러니 오늘 당당하고 씩씩한 걸음을 내디디면 좋겠습니다. 사람은 스스로를 지혜롭다 할 수 없습니다. 한참의 시간이 지나고야 '그렇구나!' 하고 깨달아지는 것이 많으니 말입니다. 모든 시간과 경험 위에 계시는 하나님 앞에서 누가 지혜를 뽐낼 수 있을까요? 그래서 이사야 선지자는 끝날의 예언을 통해 인생을 의지하기보다 여호와의 산에 오르며 하나님의 전에 이르기를 권면했던 것입니다.

백 번의 위로 사랑합니다

이사야가 전해 준 말씀은 눈물이라는 생각을 합니다. 인생을 의지하다 멸망하는 동족을 바라보며 하는 말씀이니 말입니다. 제아무리 지혜롭고 대단해도, 또 제아무리 엄청난 일을 한다 해도 사람인데, 시간이 지나면 사라질 존재인데, 그 사람에게 매달려 애걸복걸하고 있으니 말입니다.

이사야의 외침에도 여전히 사람과 세상을 의지하며 제풀에 쓰러지는 우리는 아닌지요? 다시 한 번 하나님을 믿는 믿음을 회복하는 우리가 되기를 빕니다. 함은진 작사의 '주는 완전합니다'란 CCM을 소개합니다. 함께 불러 보면 어떨까요?

주여 우린 연약합니다
우린 오늘을 힘겨워합니다
주 뜻 이루며 살기엔 부족합니다
우린 연약합니다

주여 우린 넘어집니다
오늘 하루 또 실수합니다
주의 긍휼을 구하는 죄인입니다
우린 주만 바라봅니다

한없는 주님의 은혜

온 세상 위에 넘칩니다
가릴 수 없는 주 영광
온 땅 위에 충만합니다

주님만이 길이오니
우린 그 길 따라갑니다
그날에 우릴 이루실
주는 완전합니다

우리 주님께서 자꾸만 넘어지는 우리를 불쌍히 여기실 겁니다. 또 실수하고 또 잘못하더라도 우리를 긍휼히 여기실 겁니다. 그러니 주님을 의지하겠다는 마음, 그것 하나만은 굳게 붙잡는 우리가 되면 좋겠습니다. 방황하더라도, 그럴 수밖에 없는 상황이어도, 오늘을 씩씩하게 살아요. 다른 사람 신경 쓰지 말고, 눈치 보지도 말고, 스스로 신나게 살아보자고요. 우와~ 사랑합니다.

백 번의 위로 사랑합니다

아홉 번째
위로

　근래에 자주 읽는 시가 있습니다. 용혜원 시인의 시집,『내 마음에 머무는 사람』의 프롤로그에 담긴 시인데요. 시인의 넓은 마음과 깨달음에 함께하다 보면 저 자신도 마치 높은 산에 오른 듯, 세상에 대해 조금은 두루두루 관조하게 됩니다. 방황하듯 길을 잃은 마음에 어떤 다짐을 갖게 합니다. 일부를 소개할게요. 들어 보세요.

　　가끔은 높은 곳에 올라
　　우리가 살고 있는 곳을
　　바라보아야 한다.

　　거창하고, 대단하고, 복잡하고,
　　분주하고, 그럴듯한 것들이
　　얼마나 작게 보이는가
　　바라보아야 한다.
　　…

가끔은 높은 곳에 올라

거대한 산 위에서

세상을 내려다보며

우리의 욕심을 다 버릴 줄 알아야 한다.

우리의 가슴이 왜 따뜻함과

사랑을 갖고 살아야 하는지 알아야 한다.♦

믿는 사람들을 일컬어 두 다리는 이 땅에 서 있지만 하늘을 바라볼 줄 아는 사람들이라고 말합니다. 비록 이 세상에 사는 실존이지만 하나님의 뜻을 살아가려고 애쓰기 때문입니다. 조금 어려운 말이지만 그렇게 사는 삶을 신학적으로는 '종말론적 삶'이라고 말합니다.

마지막 날, 마지막 때에 대해 요한계시록은 이렇게 말합니다.

내가 들으니 보좌에서 큰 음성이 나서 이르되, 보라, 하나님의 장막이 사람들과 함께 있으매 하나님이 그들과 함께 계시리니 그들은 하나님의 백성이 되고 하나님은 친히 그들과 함께 계셔서, 모든 눈물을 그 눈에서 닦아 주시니 다시는 사망이 없고 애통하는 것이나 곡하는 것이나 아픈 것이 다시 있지 아니하리니 처음 것들이 다 지

♦ 용혜원, 『내 마음에 머무는 사람』 (나무생각, 2007) 프롤로그 중에서

백 번의 위로 사랑합니다

나갔음이러라. 보좌에 앉으신 이가 이르시되, 보라, 내가 만물을 새롭게 하노라 하시고, 또 이르시되 이 말은 신실하고 참되니 기록하라 하시고, 또 내게 말씀하시되 이루었도다. 나는 알파와 오메가요, 처음과 마지막이라. 내가 생명수 샘물을 목마른 자에게 값없이 주리니, 이기는 자는 이것들을 상속으로 받으리라. 나는 그의 하나님이 되고 그는 내 아들이 되리라(계21:3-7).

종말론적 삶을 사는 사람들은 현실의 삶에만 치중하며 살아가는 사람들과는 많이 다른 삶을 삽니다. 조금 더 가지려 온갖 수를 내지 않습니다. 악쓰듯 빼앗기지 않으려 살지 않습니다. 조금은 어리숙해 보이는 순진함을 갖고 있습니다. 사람을 만나되 어떤 야망과 의도를 갖고 만나지 않습니다. 어떤 일을 하더라도 결과에 대한 영광을 독차지하려 하지 않고, 받아 마땅한 지분이라 할지라도 주장하지 않습니다. 내려갈 줄도 알고 내려놓을 줄도 압니다. 하늘을 바라보며 희망을 갖습니다. 누군가의 배신과 상처에도 여전한 따뜻함으로 사람을 대할 줄 압니다. 이웃의 성공에 진심으로 축하할 줄 알고, 이웃의 아픔에 함께 울 줄 압니다. 좋은 것을 베풀 줄 알고, 베푼 것에 대해서는 쉽게 잊어버리기도 합니다.

그러니 마지막 날 마지막 때를 생각하며 사는 종말론적인 삶은 아무리 생각해 봐도 매력적입니다. 요한계시록 21장의 말씀을 찬찬히 또 천천히 읽어 보세요. 우리가 만날 마지막 그 세상을 생각하면, '어제 했던 고민을 오늘 왜 또 하고 있지?', '그게 그렇게 절망할 일인가?' 하는 생각이 자연스럽습니다. 우리 입술에 가득한 한숨이, 무거운 짐을 진 것 같은 뭉친 어깨가, 스트레스로 쓰라린 뱃속이 편안해짐을 느끼게 됩니다. 문득 하늘의 평안을 누리게 됩니다. '결국 우리 모두 천국에 이를 텐데...', '이별했던 모든 사랑하는 이들과 기쁨으로 만나게 될 텐데...' 높은 산에 오른 듯, 하늘을 사는 듯, 마지막을 두루 살피는 마음으로 살게 됩니다.

우리, 오늘 종말론적인 생각으로 지혜를 얻으면 좋겠습니다. 그래서 행복하면 참 좋겠습니다. 오늘 좋은 일이 있어서가 아니라 내일 좋은 일을 대망하기에, 오늘 이 행복한, 이 신비한 하늘의 지혜가 우리를 감싸기를 소망합니다. 목적을 잃은 듯 방황하는 인생이지만 이렇게 사는 우리를 하나님이 무척 대견해하실 거라 생각합니다. 그렇지 않아도 잘해주실 하나님께서 얼마나 더 잘해주실까요? 우와~ 사랑합니다.

백 번의 위로 사랑합니다

열 번째
위로

　스위스계 미국인 심리학자인 엘리자베스 퀴블러-로스Elisabeth Kübler-Ross는 재난과 고난을 겪는 사람들이 갖게 되는 심리적인 대응의 다섯 가지 과정을 소개했습니다.

　"그럴 리 없어요"라며 '부인하고 회피'하는 첫 과정을 지나, 두 번째 과정에선 '분노'하게 된다고 합니다. 부정하려야 부정할 수 없다는 것을 알게 되면 치밀어 오르는 화를 제어하기 어려워지기도 하니까요. 그러다 "여기까지는 참을 테니 더 이상은 안 돼요"라며 '타협'을 모색하는 심리적 과정을 밟는데요. 이것도 효과가 없으면 깊은 '우울'을 경험하는 네 번째 과정을 겪는다고 했습니다. 이 우울은 앞선 세 과정에 스며있는 우울함과는 조금 다르다고 보았습니다. 맞닥뜨린 벽에서 통곡하며 깨닫게 된 어떤 지혜와 깨달음과 잇대어 있기 때문입니다. 마치 지혜문서인 전도서에 나타난 전도자의 우울, 즉 그의 지혜처럼, 지나친 감정 소비에 힘을 쓰는 것보다 지혜로운 선택이 차라리 낫다는 깨달음을 갖게 된다는 것입니다. 이때 퀴블러-로스는 마지막 단계인 '수용'에 이르게 된다고 보았습니다.

퀴블러-로스의 단계들을 앞당겨 경험하게 하며, 동시에 용기와 소망을 갖게 하는 위로의 말씀이 있습니다. 베드로전서 5장 7-10절입니다.

너희 염려를 다 주께 맡기라. 이는 그가 너희를 돌보심이라. 근신하라. 깨어라. 너희 대적 마귀가 우는 사자 같이 두루 다니며 삼킬 자를 찾나니 너희는 믿음을 굳건하게 하여 그를 대적하라. 이는 세상에 있는 너희 형제들도 동일한 고난을 당하는 줄을 앎이라. 모든 은혜의 하나님, 곧 그리스도 안에서 너희를 부르사 자기의 영원한 영광에 들어가게 하신 이가 잠깐 고난을 당한 너희를 친히 온전하게 하시며 굳건하게 하시며 강하게 하시며 터를 견고하게 하시리라.

이 말씀은 어려움에 방황할 수밖에 없어 부인하고 분노하고 또 타협하고자 애쓰며 지금이란 현재를 수용하지 못하는 우리에게 새로운 해석의 길을 열어줍니다. 우리가 홀로 당하는 고통이 아니었음을 말하며 우리 주님도 같은 고통을 당하셨다고 깨닫게 합니다. 그러니 마귀에게 틈을 보이지 말고 깨어 믿음을 유지하라는 권면의 말씀이 귀에 들리게 합니다. 홀로 버려진 것 같았는데, 하나님이 우리를 반드시 견고하게 하실 것이라는 소망을 발견하게 합니다.

우리가 현재 당하는 재난과 같은 어려움에는 어떤 뜻이 있지 않을까 생각해 봅니다. 신경림 시인도 비슷한 생각을 나무를 바라보며 했

백 번의 위로 사랑합니다

다고 합니다. 그의 시, 「나무1-지리산에서」에서 시인은 이렇게 자신의 깨달음을 우리와 나눕니다.

> 나무를 길러본 사람만이 안다
> 반듯하게 잘 자란 나무는
> 제대로 열매를 맺지 못한다는 것을
> 너무 잘나고 큰 나무는
> 제 치레하느라 오히려
> 좋은 열매를 갖지 못한다는 것을
> 한 군데쯤 부러졌거나 가지를 친 나무에
> 또는 못나고 볼품없이 자란 나무에
> 보다 실하고
> 단단한 열매가 맺힌다는 것을
> …♦

우리의 상처와 모난 콤플렉스까지 아름답게 사용하실 우리 하나님을 믿습니다. 못나고 볼품없는 우리지만 좋고 단단한 열매를 맺게 될 그런 날을 우리에게 경험하게 하실 겁니다. 하나님이 잘해주실 테니까요. 그러니 오늘도 힘내보면 좋겠습니다. 방황하는 당신을 위해 기도하겠습니다. 사랑합니다.

♦ 신경림, 「나무1-지리산에서」, 「길」(창비, 2000) 중에서

열한 번째
위로

삶의 대전환을 말할 때 신약에선 다메섹으로 가는 길 위의 사울을
예로 들지만, 구약성경에서는 아무래도 브니엘의 야곱을 꼽습니다.
그때 있었던 에피소드 일부를 소개합니다.

그 사람이 그에게 이르되, 네 이름이 무엇이냐. 그가 이르되 야곱이
니이다. 그가 이르되, 네 이름을 다시는 야곱이라 부를 것이 아니
요, 이스라엘이라 부를 것이니 이는 네가 하나님과 및 사람들과 겨
루어 이겼음이니라. 야곱이 청하여 이르되 당신의 이름을 알려주
소서. 그 사람이 이르되 어찌하여 내 이름을 묻느냐 하고 거기서 야
곱에게 축복한지라. 그러므로 야곱이 그곳 이름을 브니엘이라 하
였으니, 그가 이르기를 내가 하나님과 대면하여 보았으나 내 생명
이 보전되었다 함이더라. 그가 브니엘을 지날 때에 해가 돋았고 그
의 허벅다리로 말미암아 절었더라(창32:27-31).

얍복나루에서 밤새 씨름한 야곱, 그에게 브니엘은 이름도, 몸도,

백 번의 위로 사랑합니다

생각과 삶의 방향도 바뀌는 곳이었습니다. '속이는 자'라는 뜻의 야곱에서 '하나님이 다스리신다'는 뜻의 이스라엘로 인생의 터닝 포인트를 경험했습니다. 자신의 이익을 위해 발 빠르게 행동하던 사람이 다리를 절게 되었기에 그는 더 이상 누군가와 경쟁할 수 없는 사람이 된 것입니다. 지금까지 하나님과 사람들과 늘 겨루기만 했던 사람이, 하나님의 뜻대로 살 수밖에 없는, 하나님이 다스리시는 인생이 된 것입니다.

지나온 날들을 가만히 생각해 보면, 늘 무엇인가에 쫓기듯 무엇인가를 획득하기 위해 뛰어만 다녔던 삶은 아닐까요? 이것도 해야 하고 저것도 해야 하니 늘 분주하게 살았다면, 그래서 '삶이란 그런 거지 뭐...' 하며 욕심에 의지한 채 스스로를 합리화하며 방황하는 자신의 마음을 다잡으며 살아왔다면, 브니엘의 야곱처럼 삶의 전환을 이루는 우리가 되면 좋겠다는 생각을 해 봅니다.

분명 행복하기 위해 행복을 좇았는데 행복에 걸려 비틀거리는 삶이 되었으니, '야곱이나 우리나...' 생각이 여기에 이른다면, 이전에 했던 씨름과는 다른 씨름을 해야겠다고 마음을 고쳐먹으면 좋겠습니다. 이전에 좋았던 것에 대해서, 이전에 당연하게 여겼던 모든 것에 대해서 씨름할 수 있기를, 그저 하나님의 도우심이 없이는 걸을 수 없는 그런 인생이 될 수 있기를 기도합니다.

목발처럼 우리를 지탱하실 하나님께 의지한 채, 한 걸음 한 걸음 하나님과 발맞춰 걸을 줄 아는 그런 사람이면 참 좋겠습니다. 우리 그렇게 살아요.

2015년 작고하실 때까지 시 쓰는 일을 멈추지 않으셨던 홍윤숙 시인의 깊은 깨달음이 담긴 시 한 편을 소개해 드립니다. 시인의 깨달음을 들으며 방황하는 걸음에 큰 터닝 포인트를 경험할 수 있기를 바랍니다. 사랑합니다.

나는 왜 눈부시어 볼 수 없는
하늘의 태양을 보려 하는가
죽어가는 사람 목숨 저미는 모습
기어이 지키려 하는가
태양과 죽음은 직시直視할 수 없다는데
삶과 죽음 사이
걸어놓은 목숨의 다리
그 다리 한복판에 서서
나는 왜 날마다
볼 수 없는 태양 보려 하고
죽어가는 목숨 애태우는가
...♦

♦ 홍윤숙, 「삶과 죽음 사이」, 『그 소식』 (서정시학, 2012) 중에서

백 번의 위로 사랑합니다

열두 번째
위로

　좋아하는 동시 작가 서종홍 시인의 「동무 생각」의 한 부분을 소개
할게요. 읽어 보시면 기후와 상관없이 일 년 사시사철 동토凍土에 사
는 것 같은 마음에 훈풍이 불어오는 정화淨化의 느낌을 갖게 되실 겁
니다.

　맛있는 음식을 먹을 때마다
　동무 생각이 저절로 난다는
　아버지, 어머니 말씀을 듣고
　나도 문득 동무 생각이 납니다

　지난 여름, 교통사고로
　어머니 돌아가시고 난 뒤
　오늘도 동생 슬기와 둘이서
　저녁밥 먹고 있을
　내 짝 슬찬이 생각이 납니다♦

평생 조연이나 행인 1, 2, 3에 불과한 인생이지만, 밥을 먹으면서도 동무 생각을 한다면, '이것도 먹이고 저것도 먹여야 할 텐데...' 하는 안타까움을 가질 줄 안다면, 그런 우리가 바로 주연 인생은 아닐까요? 의미 없이 지나가는 엑스트라가 아닌 하나님의 스포트라이트에 가득 담길 주연 말입니다.

에베소서 2장 19-22절을 읽어보면 하나님께선 우리를 이 땅의 주연으로 캐스팅하고 있음을 말해줍니다.

그러므로 이제부터 너희는 외인도 아니요, 나그네도 아니요, 오직 성도들과 동일한 시민이요, 하나님의 권속이라. 너희는 사도들과 선지자들의 터 위에 세우심을 입은 자라. 그리스도 예수께서 친히 모퉁잇돌이 되셨느니라. 그의 안에서 건물마다 서로 연결하여 주 안에서 성전이 되어 가고 너희도 성령 안에서 하나님이 거하실 처소가 되기 위하여 그리스도 예수 안에서 함께 지어져 가느니라.

친히 우리 인생의 모퉁잇돌이 되어 주신 예수님 덕에 우리가 하나님께서 거하실 처소로 지어져 가고 있다고 말해 줍니다. 성경에 나오는 대단한 사도들과 선지자들이 우리를 위한 터가 되었다고 말해줍니다. 촬영장, 빛나는 주연 의자에 우리를 앉히신 것과 다름 아닌 것입

◆ 서정홍, 「동무 생각」, 「닿지 않는 손」 (우리교육, 2008) 중에서

백 번의 위로 사랑합니다

니다.

어디에서 어떻게 행동해야 할지 몰라 방황하는 엑스트라 같아서, 아직 주연이 되기엔 멀었다는 생각에 부끄럽지만, 좀 더 당당해지면 좋겠습니다. 말씀이 약속하듯 당당한 주연으로 이 사람도 사랑하고 저 사람도 챙기는 우리가 되면 좋겠습니다. 하늘 카메라가 우리의 마음과 생각, 행동 하나하나를 잡느라 정신없도록, 세상을 살뜰하게 보살피며 따뜻한 마음 나누는 우리가 되면 좋겠습니다. 사랑합니다.

열세 번째
위로

깨끗하게 산다고 살았는데도 시간이 지나면 여기저기 먼지가 쌓입
니다. 집 안 구석구석 보이지 않는 곳에 묵은 먼지가 쌓여 때로 털실
뭉텅이처럼 굴러다니기도 합니다. 에구...

마음도 신앙도 이와 비슷한데요, 그냥 내버려 두면 안 되는 것 같
습니다. 세상보다 큰 하나님을 믿으면서도 세상에 쫄게 됩니다. 맘몬
에 굴복하고, 욕심이란 이름의 성을 쌓습니다. 행여 그런 조짐이 느껴
지신다면 소개할 구약의 인물이 있습니다. 역대하 14-16장에 등장하
는 유다왕 아사입니다. 싸움에 나가는 그의 기도를 한번 들어 보세요.

아사가 그의 하나님 여호와께 부르짖어 이르되, 여호와여, 힘이 강
한 자와 약한 자 사이에는 주밖에 도와줄 이가 없사오니, 우리 하나
님 여호와여, 우리를 도우소서. 우리가 주를 의지하오며 주의 이름
을 의탁하옵고 이 많은 무리를 치러 왔나이다. 여호와여 주는 우리
하나님이시오니 원하건대 사람이 주를 이기지 못하게 하옵소서 하

였더니(대하14:11).

아사는 악과 우상이 가득한 유다를 아파했습니다. 그의 신실함은 종교개혁을 단행할 동력이 되었고 유다를 다시 한 번 하나님의 나라로 온전히 세울 수 있었습니다. 하지만 살아있는 사람의 삶에 문제가 없을 수 없듯, 그 역시 여러 위험에 노출될 때가 많았습니다. 그때마다 아사는 하나님의 도우심을 기도했습니다. 비록 사람의 싸움이었지만 하나님께서 치르시는 싸움이 되기를 기도했던 것입니다. 그의 믿음은 나라 유다를 하나님의 평안으로 이끄는 중요한 초석이 되었습니다. 물론 왕이라는 신분이었지만 아사라는 한 사람의 신실한 하나님의 사람이 역사와 사회에 어떤 영향을 끼칠 수 있는지 보여준 좋은 예입니다.

아사 왕과 같은 역사적인 인물은 아니더라도 우리 안에 있는 악과 우상을 제거하는 종교개혁을 통해 하나님의 나라의 역사의 한 페이지를 장식하는 우리가 되면 좋겠습니다. '이런 것 해서 뭐해, 그런다고 세상이 바뀌지 않아, 나만 힘들고 나만 지칠 텐데...' 하는 부정적인 생각을 떨쳐버리면 좋겠습니다. 우리 자신과 가족, 직장 동료와 이웃에게 선한 영향력을 끼치며 하나님나라의 평안을 만드는 좋은 그리스도인으로 우뚝하면 좋겠습니다.

사랑할 수 없는 곳에서 사랑을 행하며, 사랑을 생각할 수 없는 상황에서도 사랑을 부르짖듯 외치는 그런 오늘이 되면 좋겠습니다. 그리고 우리, 쫄지 말아요. 지금까지 너무 많이 방황했기에 누군가 조금만 건드려도 넘어졌지만 오늘 말씀을 기억하며 씩씩하면 좋겠습니다. 하나님 살아계시잖아요. 사랑합니다. 우와~

열네 번째
위로

    구약성경의 핵심인물 가운데 손에 꼽을 수 있는 사람으로 다윗은 언제나 포함됩니다. 특히 구약성경 사무엘 상, 하의 중심인물은 아무래도 다윗입니다. 그의 파란만장한 인생의 굴곡이 한 편의 드라마처럼 소개되고 있기 때문입니다. 그러나 삼하 22장에 이르러 다윗은 찬송으로 고백합니다. 하나님께서 자기 인생의 주인공이셨다고, 그가 자신을 이끄시고, 조성하시고, 도우셨다고, 그의 모든 인생이 하나님의 은혜였음을 고백합니다.

    하나님의 도는 완전하고 여호와의 말씀은 진실하니, 그는 자기에게 피하는 모든 자에게 방패시로다. 여호와 외에 누가 하나님이며, 우리 하나님 외에 누가 반석이냐. 하나님은 나의 견고한 요새시며, 나를 안전한 곳으로 인도하시며, 나의 발로 암사슴의 발 같게 하시며, 나를 나의 높은 곳에 세우시며(삼하22:31-34).

    왜 눈물이 나는지 모르지만... 다윗처럼 기도합니다. "사랑하는 하나님, 방황하는 인생입니다. 맥이 풀리고 다리에 힘이 빠지는 오늘입니다. 하지만 그래도 살아내겠습니다. 또 한 번 더 살고, 다시 한 번 더 일어서고, 또 다시 걷겠습니다. 견고한 요새이시며 안전한 곳으로 인도하시는 하나님, 우리의 발을 암사슴의 발처럼 힘차게 하시고, 높은 곳에 세우셔서 안전하게 하옵소서."

삶의 구석구석에 임재하시는 하나님을 볼 줄 아는 눈이 떠지기를 소망합니다. 사실 곰곰이 생각해 보면 우리의 삶에 하나님의 은혜가 아닌 것 하나 없었던 것인데, 그것을 보지도 알지도 못하고 살았으니 얼마나 답답한 인생인지요. 물론 힘든 날도 있었고, 가슴에 큰 돌덩이 하나 있는 양 눈물 나는 시간도 있었지만 지금까지 지내온 것 다 주님의 은혜였는데 말입니다. 그저 소망하기는 하나님께 시선을 고정하고, 봐야 할 것을 볼 줄 아는 제대로 된 눈을 가질 수 있기를 바랍니다. 제대로 좀 보자고 우리를 일깨우는 이해인 시인의 시 한 편을 소개합니다.

하나님께로부터 선물로 받은 두 눈, 비록 고도근시에, 비문증에, 안구건조증에... 성하고 온전하게 관리하진 못했지만, 영적인 시력만큼은 모겐족이나, 타조 못지않은 우리가 될 수 있기를 간절히 기도합니다.

당신은 나에게 두 눈을
선물로 주셨지만

백 번의 위로 사랑합니다

눈을 받은 고마움을 잊고 살았습니다.

눈이 없는 사람처럼
답답하게 행동할 때가 많았습니다.
먼지 낀 창문처럼 흐려진 눈빛으로
세상과 인간을 바로 보지 못했습니다.
…

편견과 독선의 색안경을 끼기보다
기도의 투명한 안경을 끼고
살아가는 기쁨을 알게 하소서
남을 비난하고 불평하기 전에
나의 못남과 어리석음을
먼저 보게 하여 주소서

결점투성이의 나를 보고
절망하기 전에
다시 한 번
당신의 사랑을 바라보게 하소서
…✦

◆ 이해인, 「보게 하소서」, 『오늘은 내가 반달로 떠도』 (분도, 1988) 중에서

열다섯 번째
위로

성경을 읽으며 '요셉이 참 훌륭하구나!' 탄복한 장면이 있습니다. 그가 형들에게 한 말입니다.

요셉이 그들에게 이르되 두려워하지 마소서. 내가 하나님을 대신하리이까. 당신들은 나를 해하려 하였으나, 하나님은 그것을 선으로 바꾸사 오늘과 같이 많은 백성의 생명을 구원하게 하시려 하셨나니, 당신들은 두려워하지 마소서. 내가 당신들과 당신들의 자녀를 기르리이다 하고, 그들을 간곡한 말로 위로하였더라(창 50:19-21).

아버지 야곱이 세상을 떠나자, 형들은 아버지의 유언을 들먹이며 제 살길을 모색했습니다. 동생이 복수할 것이라고, 자신들은 죽은 목숨과 같다고 여겼기 때문입니다. 하지만 요셉은 자신의 진심을 알아주지 못하며 살 궁리만 찾는 형들을 보며 눈물로 자신의 진심을 전했습니다. 형들에 대한 여전한 사랑을 표현했던 것입니다.

백 번의 위로 사랑합니다

전남대 이무석 교수님의 책, 『친밀함』에 나오는 대목입니다.

자연스럽고 편한 사람이 있다. 잘 보이려고 애쓸 필요도 없고 화제가 없어도 긴장할 필요가 없으며, 같이 있으면 '그냥' 좋은 그런 사람, 내가 무슨 이야기를 해도 흥미 있어 하고 의지를 해도 편하고 그런 나를 의존적이라고 비난하지도 않는다. 간혹 내 부탁을 거절해도 섭섭해지지 않는 사람이다. 그 사람에게선 잘못을 지적 받아도 비난 받았다는 느낌이 들지 않는다. 오히려 그런 관심이 고맙다. 피치 못할 사정으로 거리상 떨어져 있어도 그립긴 하지만 버림받았다는 느낌은 들지 않는다. 그 사람을 생각하면 기분이 좋아지고 잠도 깊이 든다.[*]

이 세상을 살며 한 번쯤 방황하지 않는 사람이 없고, 지우고 싶은 상처를 경험하지 않는 사람도 존재하지 않을 겁니다. 사람이라면 때로 흔들리기도 하고 때론 힘겨운 걸음을 내디디면서도 살아야 할 겁니다. 하지만 어느 누구를 만나든지 우리는 그에게 친밀한 사람이 되면 좋겠습니다. '언젠가 두고 보라지.' 마음에 담긴 앙금으로 괘씸해하기보다 사람다운 따뜻함을 잃지 않으면 좋겠습니다. 36.5도의 체온을 가진 우리에 불과하지만, 얼음장처럼 차가운 세상을 살뜰하게 덥힐 줄 아는, 어느 누구에게든 뜨끈한 아랫목 같은 사람이 되면 참 좋겠습니다.

♦ 이무석, 『친밀함』 (비전과 리더십, 2007) 중에서

"그렇게 친밀한 사람이 되면 이용당하기 십상이지!", "사람들이 너한테 함부로 할 거야." 이런 말들에 마음 흔들리지 않기를, 조금 이용당해도, 또 함부로 취급당해도, 온기 가득한 친밀함을 가진 우리가 되기로 하면 좋겠습니다. 마침내 세상이 따뜻해질 때까지 그 지루한 기다림을 기다릴 줄 아는 우리가 되어요. 하나님이 잘해주실 테니까요. 하나님 살아계시잖아요. 그렇지요?

어쩌면 지나친 몽상가의 다짐인 것 같지만 믿음은 그런 것이니까요.

시인 박렬도 그의 시에서 다짐합니다. 시를 통해 우리의 다짐을 다시 한 번 다져보는 우리가 되기를 소망합니다.

산다는 것은 그렇게
또 하나의 기다림을 위하여
기다릴 것 없어도 기다림을 준비하는 것인가 봅니다
살아가면서 무언가를 하나씩 잃을 때마다
자신의 존재를 뜨겁게 확인하는, 그런

그것을 기다리며 살아야 합니다
지금은 어쩔 도리가 없는 것 같습니다
그것이 텅 빈 것으로 올지라도 살아 있다는 사실 하나로
나는 그것을 기다리며 굳세게 살아가겠습니다◆◆

◆◆ 박렬, 「어느 기다림1, 『만남에서 동반까지』 (명선사, 1989) 중에서

백 번의 위로 사랑합니다

열여섯 번째
위로

참 좋아하고 따르는 뉴저지 찬양교회 허봉기 목사님은 제가 미국에서 공부할 때, 목회자의 모습이 어떠해야 하는지, 목회가 무엇인지를 가르쳐 주신 좋은 목사님입니다. 사랑하는 딸 예내를 갑작스레 하나님께 보낸 후, 비통한 마음에 쓰신 목사님의 글을 읽고 많이 울었습니다. 주일 예배 중 딸의 죽음이란 비보를 접했던 목사님께선 어떤 마음이었을까요? 황망한 마음 가눌 길 없으셨을 텐데 끝까지 예배를 지키셨다는 얘기를 전해 듣고는 숙연함에 한동안 멍한 마음이었습니다. 목사님의 글입니다.

삶이 어디 구구절절이 설명 가능하던가. 정체를 감추고 들이닥치는 일이 많으니 인생을 바로 보기가 어렵다. 상실이 주는 고통은 지나가는 것이 아니다. 고통과 더불어 사는 법, 고통을 껴안고 성장하는 법을 터득할 뿐이다. 시각장애인 하모니카 연주자 전제덕은 인터뷰에서 이렇게 말했다. "내가 제일 싫어하는 수식어가 '장애를 극복한'입니다. 그 힘들고 불편한 장애를 무슨 수로 극복한단 말입니까? 되돌릴 수 없으니 그저 체념하고 받아들이고 견디는 것 뿐입니다." 그의 말처럼, 살다 보면 그저 받아들이고 견뎌야 하는 일이 있게 마련이다. 신앙이 나를 지탱해 주겠지만 내가 신앙을 지탱해야 할 때도 없지 않다.

나는 지난 주일에 딸을 잃었다. 죽은 자식을 가슴에 묻는다는 말은 그럴듯한 수사가 아니다. 정말 가슴 한편에 묵직한 것이 들어앉아 있다. 하루 종일 딸 생각에, 혼자 있으나 여럿이 함께 있으나 시도 때도 없이 눈물이 난다. 무슨 이야기를 하다가도 눈물이 흐르고, 식탁에서 기도를 하다가도 울고, 이래서 울컥, 저래서 울컥이다. 일 당하고 퍽 오래가겠구나 싶었던 데 비하면 이제는 그런 마음이 많이 가셨지만 한두 해에 청산될 일은 아닌 것 같다. 신학자 한스 큉의 말대로 그리스도인은 고난을 피해 가는 길을 알지 못하지만 고난을 헤쳐나가는 길은 알고 있으니 그만하면 다행이지 않은가. 나는 이제 아들을 잃으신 적이 있는, 같은 처지의 하나님을 믿는다.♦

목사님의 글을 읽으며 생각이 많아졌습니다. '하나님께 복을 받았은즉 화도 받을 수 있다(욥2:10)'는 욥의 고백을 받아들일 수 있을까? 벌어지는 모든 일에 대해 입술로 범죄 저지르지 않을 수 있을까? 어떤 상황에서도 방황하지 않고 초연할 수 있을까? 생각이 깊어질수록

♦ 허봉기, 「하나님이나 나나」, 〈뉴저지 찬양교회 홈페이지 칼럼〉 중에서

　　　　　　　백 번의 위로 사랑합니다

큰 그림자가 드리워지듯 마음이 무거워집니다. 모든 질문에 "아니오"
라는 말이 입에 맴돌았기 때문입니다.

내려놓음, 즉 '자기-비움'과 '자기-떠남'은 타자철학과 해체철학에
서 중요한 논제입니다. 동시에 기독교신학에서도 내려놓음을 하나님
에 대한 전적인 신뢰인 '채움'으로 이해하기에 매우 중요한 주제로 간
주합니다. 하지만 느닷없이 찾아오는 삶의 고통에 대해 내려놓음이란
주제를 실천하기란 여간 녹록한 일은 아닐 겁니다.

"한두 해에 청산될 일이 아닌 것 같다"는 목사님의 고백이 그래서
위로가 됩니다. 이래서 울컥하고 저래서 울컥하는 목사님처럼이라도
살고 싶다는 생각을 했습니다. 그러다 보면 "같은 처지의 하나님을 믿
는다"는 목사님의 말씀도 이해되겠지요? 언젠가는 그런대로 맞이하
고 그런대로 보낼 줄 알게 되겠지요?

바람이 오면 오는 대로 둘 줄도 알고, 그리움도 가는 대로 둘 줄
알기를 소망했던 시인 도종환과 같이, 오기도 하고 가기도 하는 세월
도, 아픔도, 상처도 슬기롭게 맞이할 줄도 알고 보낼 줄도 알게 되겠
지요? 그렇게 우리네 방황하는 마음, 하나님에 대한 믿음으로 채울
줄 알면 참 좋겠습니다. "주신 이도 여호와시요, 거두신 이도 여호와시
오니, 여호와의 이름이 찬송을 받으실지니이다(욥1:12)." 눈물 나는 고백
이지만 그 고백이 가능한 그리스도인이 될 수 있기를 기도합니다.

열일곱 번째
위로

🕯️

성경 역대기는 조선왕조실록 같은 이스라엘 왕들에 대한 기록물이지만 일반 역사서로 분류할 수는 없다 싶습니다. 하나님이라는 전지적 관점에서 해석되는 신앙의 역사서이기 때문입니다. 그래서 이스라엘의 '역사歷史' 위에 쓰시는 하나님의 '역사서役事書'라고 말할 수 있을 게다 싶습니다.

특히 역대기의 상편은 성전 건축을 위한 준비에 모든 초점이 맞춰져 있는 것 같습니다. 그래서 그런지 마지막 29장은 성전 건축을 준비했던 다윗 왕의 기도로 끝이 납니다.

나의 하나님이여, 주께서 마음을 감찰하시고 정직을 기뻐하시는 줄을 내가 아나이다. 내가 정직한 마음으로 이 모든 것을 즐거이 드렸사오며, 이제 내가 또 여기 있는 주의 백성이 주께 자원하여 드리는 것을 보오니 심히 기쁘도소이다(대상29:17).

성전 건축 준비를 위해 왕은 물론 수많은 백성들이 자원하여 최선

백 번의 위로 사랑합니다

을 다했습니다. 한 땀 한 땀 정성스레 수를 놓듯 마음과 마음을 모아 하나님의 전을 세울 수 있는 기틀을 마련했던 것입니다(대상29:2-9). 하지만 결국 다윗은 성전을 건축할 수 없었습니다. 하나님께서 허락하시지 않았기 때문입니다(대상28:3, 대하6:9).

하고자 하는 일을 하지 못하게 되면 아마 우리는 대부분 어떤 무기력과 허무함을 느낄 겁니다. 심지어 '내내 준비만 하다 끝난 인생'이라는 짐짓 원통한 마음과 '여태 무엇을 한 거지?'라며 당황스러운 마음에 방황하듯 파괴적인 행동도 할 수 있을 겁니다. 그러나 다윗은 이를 순순히 받아들였습니다. 자신의 모자람을 인정하고 다음 세대인 아들 솔로몬에게 자신의 비전을 이양하며 당부했습니다(대상28:20-21). 성전 공사가 크고 엄중했던 반면, 아들 솔로몬은 아직 어리고 미숙했기에 다윗의 마음에는 흡족하지 않았을 테지만, 하나님의 뜻을 따르기로 했기에 모든 것을 하나님께 맡기는 순리를 택했던 것입니다.

말씀을 곰곰이 묵상하며 두 가지를 다짐해 봅니다. 먼저, 죄와 탐심, 우상과 이방 신상을 제거하고 하나님만을 섬기는 공간을 만들기 위해 애썼던 다윗과 백성들의 마음을 헤아리며, 오늘 나 자신이 준비하고 이루어야 할 성전 건축은 무엇일까를 고민해 보자 싶었습니다.

구약의 성전 건축에 대한 이해는 신약성경 시대에 이르러 보다 넓고 깊은 의미로 확대됩니다. 헤롯이 유대인의 환심을 사기 위해 46년간 보수하며 지었던 성전을 예수님은 헐어버리라고 말씀하셨습니다. 그리고 사흘 동안에 다시 일으키실 것이라고 말씀하셨습니다(요2:19).

우리를 대신하여 십자가에서 죽으시고 사흘 만에 부활하시는 그리스도의 구속사역을 성전 건축에 빗대 상징적으로 말씀하셨던 것입니다. 이러한 성전 건축의 의미를 사도 바울은 "우리가 곧 하나님의 성전"이니 하나님의 성전인 우리를 지키고 세워야 한다는 것으로 연결합니다 (고전3:16–17절).

하루하루 성전 건축을 위해 준비하는 삶이어야겠습니다. 더불어 성전을 건축하듯 우리 안에 예수 그리스도 십자가의 정신을 올곧게 세워야겠습니다. 세상 화려한 결과물에 심취해 '내가 했다'는 교만과 욕심을 부수고, 우리 주님의 뜻을 세우되 악한 마음으로부터 우리를 지켜야겠습니다.

두 번째, 하나님의 뜻에 대해 순순히 받아들이는 순종의 삶을 살기로 다짐해 봅니다. 최선을 다하지만 어쩔 수 없는 것에 대해 담담히 수용할 줄 아는 너그러운 마음을, 순간순간 욕심의 굴레에 갇혀 방황할 때에도 하나님의 뜻을 신뢰함으로 살아낼 줄 아는 평안의 마음을 가질 수 있기를 바랍니다.

칼 폴 라인홀드 니버Karl Paul Reinhold Niebuhr의 '평안을 위한 기도 Serenity Prayer'를 소개합니다. 미국의 금주협회Alcoholics Anonymous나 12단계 프로그램Twelve-step Program 등에서 가끔 애송하며 나누는 기도이기도 합니다.

하나님

백 번의 위로 사랑합니다

바꿀 수 없는 것은 받아들이는 평온을

바꿀 수 있는 것은 바꾸는 용기를

또한 그 차이를 구별하는 지혜를 주옵소서

하루하루를 소중히 여기며

진지하게 보내게 하시고

순간순간을 누리게 하옵소서

여러 어려움들을

평강으로 가는 오솔길로 여기게 하시고

죄 많은 세상

내가 원하는 것만 받아들이지 말고

주님께서 그랬던 것처럼

있는 그대로 끌어안게 하옵소서

주님의 뜻에 전적으로 맡기면

주님께서 모든 것을 잘되게 하신다는 것을 신뢰하게 하사

이 땅에서는 사리에 맞는 행복을

하늘나라에서는

주님과 함께하는 최고의 행복을 영원히 누리게 하옵소서

우리의 삶에 참된 성전 건축을 이룰 수 있으면 좋겠습니다. 다윗

과 솔로몬의 아름다운 성전을 넘어, 진정한 성전을 이루신 우리 예수
님을 따라, 우리도 거룩한 성전 건축자가 되어 성전인 우리를 올바로
세울 수 있기를 기도합니다. 우리 힘내요. 사랑합니다.

열여덟 번째
위로

요한계시록에 등장하는 일곱 교회 가운데 칭찬만 받은 교회는 빌라델비아 교회가 유일합니다. 그 교회에 주어진 계시의 말씀을 소개합니다.

빌라델비아 교회의 사자에게 편지하라. 거룩하고 진실하사 다윗의 열쇠를 가지신 이 곧 열면 닫을 사람이 없고 닫으면 열 사람이 없는 그가 이르시되, 볼지어다. 내가 네 앞에 열린 문을 두었으되 능히 닫을 사람이 없으리라. 내가 네 행위를 아노니 네가 작은 능력을 가지고서도 내 말을 지키며 내 이름을 배반하지 아니하였도다. 보라, 사탄의 회당 곧 자칭 유대인이라 하나 그렇지 아니하고 거짓 말하는 자들 중에서 몇을 네게 주어 그들로 와서 네 발 앞에 절하게 하고 내가 너를 사랑하는 줄을 알게 하리라. 네가 나의 인내의 말씀을 지켰은즉 내가 또한 너를 지켜 시험의 때를 면하게 하리니, 이는 장차 온 세상에 임하여 땅에 거하는 자들을 시험할 때라. 내가 속히 오리니 네가 가진 것을 굳게 잡아 아무도 네 면류관을 빼앗지 못하게 하라. 이기는 자는 내 하나님 성전에 기둥이 되게 하리니, 그가 결코 다시 나가지 아니하리라. 내가 하나님의 이름과 하나님의 성 곧 하늘에서 내 하나님께로부터 내려오는 새 예루살렘의 이름과 나의 새 이름을 그이 위에 기록하리라. 귀 있는 자는 성령이 교회들에게 하시는 말씀을 들을지어다(계3:7-13).

빌라델비아 교회는 작은 능력을 가진 초라한 교회였습니다. 그러나 하나님께서는 그들에게 "열린 문"을 두었으니 능히 닫을 자가 없을 것이라고 약속하셨습니다. 인내로 하나님과 세운 약속을 지켰던 그들에게 성전의 기둥이 되게 하시고 면류관을 주시겠다고 말씀하셨던 것입니다.

저는 "열린 문"이란 말을 들으면 생각나는 두 분이 있습니다. 열린 문 청소년 재단의 황점곤 목사님과 이옥주 목사님 부부입니다. 이들 부부는 버려지고 힘든 처지의 아이들을 먹이고 기르며, 자신의 아이는 낳지 않기로 하나님께 서원했습니다. 행여 아이들에 대한 사랑이 조금이라도 흐트러질까 봐 그리했다는 말에 고개를 숙였습니다. 이렇게 사람을 부끄럽고 못나게 만드는 부부가 있어 세상이 숨을 쉬는구나 싶었습니다.

어쩌면 가진 능력도 초라하고 내세울 것 변변치 않다고 여기는 우리들이지만 다시 한 번 힘을 내보면 어떨까요? 또 한 번 더 사랑하고, 또 한 번 더 사랑을 살아내는 사람들이 되면 좋겠습니다. 황 목사님과

백 번의 위로 사랑합니다

이 목사님 부부처럼 말입니다. 가끔 사랑이 힘들다 여겨지면 『가시고기』의 저자, 작가 조창인의 「사랑의 부재」를 읽습니다. 저 자신을 다그치는 한 대목을 소개해 드릴게요.

> 사랑이 없다는 것은
> 삶에서 사랑 하나만 빠져 있다는 의미가 아닙니다
> 삶 전부가 텅 비었다는 뜻입니다
> 살아가는 이유의 대부분이 사랑이기 때문입니다
> ...✦

부디 우리는 사랑을 잃어버려 삶 전부를 텅 비우지 않기로 해요. '사랑할 사람도, 사랑할 이유도 없다'며 삶의 무가치를 말하기보다, 어두워진 우리 눈을 씻어 사랑을 발견할 수 있으면 좋겠습니다. 사랑을 잃어버리지 않으면 참 좋겠습니다. 세상 끝날까지 빌라델비아 사람들처럼 사랑을 지키는 우리가 되기를 기도합니다. 그러니 우리, 오늘 사랑해요, 사랑하며 살아요. "사랑합니다. 우와!" 하고 외치는 하루가 되기를 소망합니다.

✦ 조창인, 「사랑의 부재」, 『사랑으로 나를 채우고』(나눔사, 2005) 중에서

열아홉 번째
위로

화해의 신학자 칼 바르트Karl Barth가 말했습니다.

만약 인간 개인의 결단으로 화해가 가능하다면 갈등과 다툼, 반목과 전쟁 등의 용어는 이 세상에 존재하지 않을 것이다. 비록 정치목적을 위한 일회적 화해나 서로의 이익을 위한 일시적 화해는 가능할지 모르나, 궁극적 화해는 불가능하기 때문이다. 그렇기에 성경은 화해라는 용어를 하나님과 연결시킨다. 보다 정확히 말하자면 하나님의 구속사역, 즉 예수 그리스도의 십자가의 사랑과 연결시킨다.♦

바르트는 화해를 사람으로서는 불가능한 것이라고 보았습니다. 화해를 오직 예수 그리스도의 십자가의 사랑으로만 가능한 것이라고 본 것입니다. 선지자 사무엘도 이 비슷한 마음을 가졌는데요, 먼저 사무

♦ 김명용, 『칼 바르트의 신학』 (이레서원, 2007) 중에서

백 번의 위로 사랑합니다

엘상 성경에 나오는 그의 말을 들어 보시면 좋겠습니다.

> 여호와께서는 너희를 자기 백성으로 삼으신 것을 기뻐하셨으므로
> 여호와께서는 그의 크신 이름을 위해서라도 자기 백성을 버리지
> 아니하실 것이요, 나는 너희를 위하여 기도하기를 쉬는 죄를 여호
> 와 앞에 결단코 범하지 아니하고 선하고 의로운 길을 너희에게 가
> 르칠 것인즉, 너희는 여호와께서 너희를 위하여 행하신 그 큰일을
> 생각하여 오직 그를 경외하며 너희의 마음을 다하여 진실히 섬기
> 라(삼상12:22-24).

솔직히 말해, 하나님께서도, 또 하나님의 입장을 전하는 선지자
사무엘의 입장에서도 자신들을 위해 왕을 구하는 이스라엘 백성들이
못마땅했을 것입니다. 용서하기가 어려웠을 것입니다. 하지만 사무엘
은 그런 사람들에게 그럼에도 그들을 기뻐하시고 버리지 않으실 사랑
의 하나님을 전했습니다. 그리고 그런 사랑의 하나님께서 보낸 선지
자이니 백성들을 위해 기도하기를 쉬는 죄를 범하지 않겠다고 약속합
니다.

사무엘 선지자는 자신들의 안위만을 걱정하며 왕을 찾는 이스라엘
백성들에게 그들의 평안이 왕이라는 사람이나 권력에 있는 것이 아니
라 하나님께 있음을 분명히 가르치면서도, 바로 그 사랑의 하나님을
생각함으로 이스라엘 백성들을 포용했던 것입니다.

그러고 보면, 화해도, 용서도, 평안도… 모든 것이 하나님께 있는 것인데 왜 우리는 내가 모든 것을 해야 한다고, 또 할 수 있을 것이라고 생각할까요? 그리고 자꾸만 하나님이 아닌 다른 것들에 의지하고, 도움되지도 않을 것들을 찾아다니는 걸까요?

비록 우리가 흔들리는 인생이라 할지라도 사랑하는 당신과 나는 하나님이라는 반석 위에 세운 집이 되기를, 믿음이란 이름의 땅에 뿌리를 단단히 박고 살아내기로 하면 좋겠습니다. 그래서 사람으로서는 불가능한 용서도, 마음에 새겨진 상처로 도저히 불가능해 보이는 화해도, 그리고 사람으로서는 도대체 누릴 수 없다고 여기는 평안도, 하나님을 생각함으로, 우리 주님의 십자가의 사랑을 기억함으로 얻을 수 있기를 기도합니다. 그런 우리를 하나님께서 진짜로 잘해주실 거라 믿습니다. 사랑합니다.

스무 번째
위로

어느덧 사랑하는 당신께 전해 드리는 마지막 위로의 메시지입니다. 전체로 따지자면 백 번째인데요, 저는 이것을 마지막이라고 생각하지 않습니다. 사랑의 하나님께서 당신의 삶을 통해 끊임없이 귀한 당신을 위로하실 것임을 믿기 때문입니다. 다만 지금까지 전해 드린 백 번의 위로가 사랑하는 당신을 위한 좋은 자양분이 되기를 바랍니다. 사랑합니다.

마지막으로 함께 나누고 싶은 하나님의 말씀은 시편 27편 4-6절입니다. 가슴으로 들어 보세요.

내가 여호와께 바라는 한 가지 일 그것을 구하리니, 곧 내가 내 평생에 여호와의 집에 살면서 여호와의 아름다움을 바라보며 그의 성전에서 사모하는 그것이라. 여호와께서 환난 날에 나를 그의 초막 속에 비밀히 지키시고, 그의 장막 은밀한 곳에 나를 숨기시며 높은 바위 위에 두시리로다. 이제 내 머리가 나를 둘러싼 내 원수 위에 들리리니, 내가 그의 장막에서 즐거운 제사를 드리겠고 노래하며 여호와를 찬송하리로다.

자기심리학을 발전시킨 하인츠 코헛Heinz Kohut은 건강한 반영Mirroring이 자기에 도취된 상처받은 자기애를 치료할 수 있다고 보았습니다. 진심이 담긴 경이에 가득 찬 눈은 사람을 교만하게 하거나 자기만 아는 이기적인 사람이 되게 하기보다는 자신도 남도 살게 하는 생명력을 갖게 한다고 생각했던 것입니다.

이와 비슷하게 '적당한 양육자 되기Good-enough mothering'를 주장한 도널드 우즈 위니컷Donald Woods Winnicott도 사랑이 가득한 눈으로 아이들을 바라본다면 아이들은 자연스레 성장할 것이라고 주장했습니다. 사랑이 가득한 눈이 보장하는 공간에서 놀이를 통해 규칙과 역할, 도덕과 인간성, 문화와 예술, 심지어 종교심까지 배울 수 있다고 보았기 때문입니다.

가만히 생각해 보면, 하나님은 코헛과 위니컷이 말한 두 가지 눈으로 우리를 도우시고 지키신다는 생각을 합니다. 그의 초막 속에 비밀히 지키시고, 높은 바위 위에 두시며, 둘러싼 원수 위에 높이 드시는 하나님의 경이에 가득 찬 눈과 사랑이 가득한 눈. 바로 그 눈길 덕분에 우리가 살길도 찾고 갈 길도 알아 겸손히 행하며 성숙을 이루게 되는 것이 아닐까 생각해 봅니다.

아무것도 아닌 존재에게 삶의 의미와 목적을 깨닫게 하시고 회복과 성숙을 촉진하시는 하나님. 그 하나님의 집에 일평생 거하며, 그의 아름다움을 사모하고 싶다는 시편 기자의 고백에 고개가 절로 끄덕여집니다.

그저 마음에 다짐하고 바라는 것이 하나 있다면 누구를 만나든지 하나님께서 우리에게 하신 것처럼 그리 살면 좋겠다는 것입니다. "우와.", "사랑합니다.", "하나님이 잘해주실 거예요." 전하는 사람이 되면 좋겠습니다. 때로 방황하는 마음 다잡을 수 없어 힘들 때에도 하나님 살아계심을 믿는 믿음으로 누군가를 위한 경이로운 눈과 따뜻한 사랑의 눈길을 잃거나 잊지 않기를 바랍니다. 누군가를 위한 회복과 쉼이 넘치는 좋은 공간이 되면 참 좋겠습니다.

사랑의 하나님, 죄와 욕심을 따라 살지 않고, 허탄한 곳에 마음을 두지 않으며, 일생 하나님만 바라며, 하나님 바라보시는 곳을 함께 또 같은 마음으로 바라볼 줄 아는 좋은 사람이, 그것도 참 좋은 사람이 될 수 있기를 기도합니다. 살아있는 동안 하나님과 동행하며, 기쁨으로 즐거운 예배를 드리는 예배자가 되기를, 하나님의 아름다움을 찬송하며 살 줄 아는 거룩한 흙이 될 수 있기를 간구합니다. 그저 누구를 만나든 편안하고 친밀한 존재가 되어, 자연스럽게 스며들기도 하고 사라질 줄도 아는 사람이 되기를, 그래서 모든 사람이 모든 사람을 가치 있게 여기는 하나님나라를 일구는 그리스도의 좋은 향기가 되기를 기도합니다. 날마다 하나님의 경이와 사랑을 전하는, 흔하지만 꼭 필요한 물이나 공기와 같은, 그리스도의 편지가 되기를 기도합니다. 예수님의 이름으로 기도합니다. 아멘.

백 번의 위로 사랑합니다

에필로그

내가 들으니 보좌에서 큰 음성이 나서 이르되, 보라. 하나님의 장막이 사람들과 함께 있으매 하나님이 그들과 함께 계시리니, 그들은 하나님의 백성이 되고 하나님은 친히 그들과 함께 계셔서 모든 눈물을 그 눈에서 닦아 주시니, 다시는 사망이 없고 애통하는 것이나 곡하는 것이나 아픈 것이 다시 있지 아니하리니, 처음 것들이 다 지나갔음이러라(계21:3-4).

이 말씀은 마침내 이루어질 새 하늘과 새 땅에 대한 예언입니다. 마지막 때 모든 환란과 재앙이 지나간 후 끝까지 견딘 성도들이 결국 경험할 기쁨에 대한 예언입니다.

억지로 이를 악물고 감사해야 하거나, 믿음으로 기쁨을 나타낼 필요 없이, 저절로 감사하고 저절로 기뻐질 날을 만나게 될 것이라고 약속하는 말씀이 저는 참 좋습니다. 눈물도, 사망도, 애통과 슬픔도 사라진 세상, 모든 인간적 아픔에서 해방되는 순간, 우리 모두는 다시 만나 얼싸안고 기쁨의 찬양을 부르게 될 것을 믿습니다.

쉽게 극복할 줄 알았던 코로나19 감염증 사태가 긴 시간 우리 마음을 어렵게 했듯, 삶에서 느닷없이 경험하게 되는 어려움은 우리 모두를 당황스럽게 하고 낙심에 이르게 합니다. 예상치 못한 질병이나 단 한 순간도 예견하지 않았던 사고의 소식을 마주하게 되면 그 자리에 주저앉게 됩니다. 힘을 내서 일어서야 한다는 것을 머리로는 알지만 좀처럼 몸이 따라주지 않습니다. 마음 역시 나락을 향해 치닫게 됩니다. 그래서 "아무 일도 없었어요.", "별일 없었는데요."라는 말이 얼마나 반갑고 감사한 말인지 알게 됩니다.

살아있다는 것이 버거움으로 다가올 때, 심지어 형벌처럼 다가올 때, 그때 계시록의 말씀이 소망이기를 빕니다. 언젠가 우리 모두가 이르게 될 그 찬란한 세상에 대한 소망, 천국 소망으로 지옥 같은 오늘을 하늘을 살 듯 살아낼 수 있기를 기도합니다.

기적을 바라는 것이 아닌, 오늘, 그 기적을 살아내는 우리가 되어야겠습니다. 과거의 상처와 아픔에 저당 잡힌 듯 살지 않고, 또 미래에 대한 염려와 근심에 흔들리지 않고, 오늘을, 그냥 지금을 하늘을 살 듯 살 수 있으면 좋겠습니다. 비록 이것도 부족하고 저것도 모자란 오늘이어서 몸도 마음도 지친 상태이지만, 오늘, 행복하면 좋겠습니다.

백 번의 위로 사랑합니다

단순무식한 소망이라 비아냥거림을 받을지라도 하나님나라를 약속하는 말씀을 믿으며 우리의 연약한 삶에 회복을 덧입힐 수 있기를 기도합니다.

이 책을 읽는 사랑하는 당신께 그저 외람되지만 한 가지를 부탁드립니다. "한 번 더 살아내요, 우리." 그리고 감동할 수 없는 현재에도 "우와!" 하고 감탄하고, 불안한 현실에도 "이야!" 하며 환대할 줄 알며, 마음 답답한 세상이지만 "사랑합니다."라며 사랑을 선언하면 좋겠습니다. 그렇게 슈브ㄱㅠ, 회복을 살아내면 참 좋겠습니다. 하나님이 우리를 반드시 잘해주실 거예요.

날마다 기도하겠습니다. 이 책을 읽는 사랑하는 당신이 하늘의 평안으로 가득하시기를 기도하겠습니다. 사랑합니다. **사랑합니다. 사랑합니다!**

백 번의 위로
사랑합니다

초판 1쇄 인쇄 2021년 10월 13일
초판 1쇄 발행 2021년 10월 20일
지은이 이상억

펴낸이 김용민
편집 도서출판 맑은샘

펴낸곳 엠씨아이(MCI)
출판등록 제2019-000031호
주소 대전광역시 유성구 은구비로 2(지족동) 명우빌딩 4층
전화 070-4064-8014
팩스 0504-345-8014
홈페이지 www.mcinstitute.co.kr
이메일 mci-0520@naver.com

ISBN 979-11-963169-2-1 (03230)